Nahsehen

Für meinen Sohn Fabio,

der als Zweijähriger glaubte, dass sein Papa,
als er ihn im Fernsehen sah, sich doch nur
wieder mal in einer lustigen Kiste versteckte.

Der Autor:
Hugo Bigi, 47, ist seit 20 Jahren Journalist. Er war in den 80er-Jahren Redaktor und Moderator bei Radio 24. Anschliessend konzipierte und leitete er das erste Klassik-Privatradio der Schweiz, Opus Radio. Anfang der 90er-Jahre übernahm er die Chefredaktion des Zürcher Monatsmagazins Bonus. Seit 1994 ist Bigi Chefmoderator und Talker bei TeleZüri und heute einziger noch aktiver Nachrichtenmacher aus der Gründergeneration. Er ist Dozent für Fernsehjournalismus am MAZ Die Schweizer Journalistenschule, Luzern, sowie am Institut für Angewandte Medienwissenschaft an der Zürcher Hochschule Winterthur. Bigi studiert Kommunikationswissenschaften am renommierten Centre for Mass Communication Research an der University of Leicester, England. Sein internationales Studium schliesst er im Frühling 2005 ab mit einer Master-Dissertation zum Thema Videojournalism and the Sociology of News Production.

Der Fotograf:
Fotojournalist Alberto Venzago, 54, hat für Magazine Storys von Kriegen im Irak/Iran und Beirut bis zu abgeholzten Regenwäldern in Borneo fotografiert. Er publizierte mehrere Bücher, die von Kinderprostitution, organisiertem Verbrechen in Japan, Voodoo-Glauben in Westafrika bis zu Bildern aus dem Land von Milch und Honig (Schweiz) reichen. Venzago, der viele Jahre mit der Agentur Magnum verbrachte, erhielt mehrere nationale und internationale Preise, darunter den Robert Capa ICP Award. Seine Bilder erschienen in Magazinen wie *Life, Stern, Geo, Time, National Geographic, The Independent Magazine* und *The Sunday Times Magazine*. Venzago lebt drei Stockwerke über TeleZüri in Zürich.

Alle Rechte vorbehalten, einschliesslich derjenigen des auszugsweisen Abdrucks und der elektronischen Wiedergabe

---

© 2004 Werd Verlag, Zürich

Lektorat: Brigitta Klaas Meilier/Christina Sieg
Korrektorat: Heike Burkard, Rorbas
Cover/Buchdesign: Peter von Ah, Zürich
Foto-Assistenz: Alan Meier
Satz: Albin Koller, Berikon
Vermarktungsleitung: Tarkan Özküp,
Belcom AG TeleZüri

ISBN 3-85932-485-3
www.werdverlag.ch

Hugo Bigi

Nahsehen

TeleZüri oder Geschichten vom anderen Schweizer Fernsehen

Fotos von Alberto Venzago

WERDVERLAG

Inhaltsverzeichnis

10 TeleZüri schauen ist Zürich leben
Eine Anmoderation
---
16 Der Wiitschei.
Reporter im Nahkampf
---
32 Das Gigi-Stössel-Prinzip oder Was ist News?
---
36 ZüriNews oder Die tägliche Gschichte-Chischte
---
46 Die Moderatorinnen und das family feeling
---
54 Camouflage gegen Bibeli
Fernsehen hautnah
---
82 Von Bundesrat Blocher bis Melanie Winiger
Testimonials
---
90 TalkTäglich.
Vom Druck, immer den richtigen Gast zu haben
---
96 «Tag für Tag das beste Fernsehen der Welt machen»
Ein Interview mit Roger Schawinski
---
102 «Bei den Videojournalisten besteht die Tendenz zu Überfallfragen»
Ein Schlagabtausch mit Moritz Leuenberger
---
118 SonnTalk oder Grillieren mit Gilli
---
124 Die Technik oder Vordergründiges von den Hintermännern
---
134 Bettwaren-Fischer und Feng-Shui-Kenny
Der Patron ist der Werbestar
---
150 «TeleZüri, grüezi!»
Ein Tag im Leben der Rezeptionistin
---
155 Von Beckham bis Wojtyla
Die Namensliste

Sonntag, 20. Juni 2004. 21.28 Uhr. Wohnmobil mit Kabelanschluss, Campingplatz Seebucht, Zürich.
«Während fünf Monaten habe ich hier auf dem Campingplatz rund um die Uhr alle Hände voll zu tun. Ich bin froh, dass ich spätabends dank TeleZüri mitbekomme, was in Zürich sonst noch passiert.»
Ueli Glättli sen., Pächter Campingplatz Seebucht

TeleZüri schauen ist Zürich leben

Eine Anmoderation

«In six months you're gonna bury those guys from state TV.» In sechs Monaten werdet ihr die Leute vom Staatsfernsehen weggeputzt haben. Dies prophezeite Michael Rosenblum, ein New Yorker Fernsehproduzent. Es war am Morgen des 2. August 1994.
Rosenblum schwitzte. Die Uhr zeigte erst halb zehn. Das Thermometer aber schon wieder 28 Grad. In der Mansarde des Hotels Limmathaus in Zürich war es stickig. Wie an einem Augustnachmittag in Downtown Manhattan. Nur viel leiser. Rosenblum sprach, und alle lauschten gebannt. Nur einer unterbrach ihn immer wieder – Roger Schawinski, sein Auftraggeber.

Sonntag, 23. Mai 2004. 15.30 Uhr. Heinrichstrasse 267, Zürich.
«Das Leben ist am spannendsten im close-up.»
Hugo Bigi, Chef-Moderator

› Rosenblum hatte eine Mission. Der Amerikaner war ins alte Europa gekommen, um das Fernsehen zu demokratisieren. Das Fernsehen dürfe nicht länger in der Macht von kommerziellen und staatlichen Eliten verharren. Jeder Einzelne würde von nun an die Chance, ja die Freiheit bekommen, eigenhändig Fernsehbeiträge zu produzieren. Alles, was es bräuchte, wäre eine Hi-8-Videokamera. Und, okay, ein bisschen journalistisches und technisches Knowhow. Er, Rosenblum, würde es ihnen in zwei Monaten beibringen.

Das Grüppchen junger Journalistinnen und Journalisten, das gekommen war, um mit Roger Schawinski das Fernsehen neu zu erfinden, fing an zu glauben. Man musste diesem Fernseh-Prediger einfach glauben. So überzeugend und einleuchtend war seine Botschaft. Auch ich sass an jenem 2. August in der dampfenden Mansarde. TeleZüri war nicht das erste Schawinski-Projekt, in das ich mich wagte. Aber diese Kiste war anders, grösser, einmalig. Das galt auch für Hanspeter Bürgin, den ersten Programmleiter, ihn, der seine Sporen noch beim alten Fernsehen abverdient hatte. Irgendwie glaubten wir alle: Das alte Fernsehen ist tot – lang lebe das neue.

10 Jahre später. Das Schweizer Fernsehen lebt. Immer noch. TeleZüri auch. Heute erst recht. Es ist wieder der 2. August. Und ich sitze wieder in einer Mansarde. Diesmal bei mir zu Hause. Ich mache mir Notizen wie damals in der allerersten Rosenblum-Show. Mein Blick schweift heute nicht mehr zu Roger Schawinski hinüber, sondern zum Zürichsee hinunter. «Weisst du», sagte mir neulich ein Bekannter, «TeleZüri passt heute ins Bild von Zürich wie der Schwan auf den Zürichsee.» Ein schöner Satz, dachte ich mir. Das ist einer für mein Buch. Immer wieder höre ich Leute sagen: «TeleZüri gehört zu Zürich wie das Grossmünster.» Auch ein guter Satz. Aber das Grossmünster ist mir irgendwie zu statisch, zu starr, zu zwinglianisch. Ich ziehe das Bild mit dem Schwan auf dem Zürichsee vor. Da ist mehr Leben, mehr Bewegung, mehr Fluss – mehr TeleZüri drin.

Anrechnung statt Abrechnung

«Schreibst du also auch noch deine persönliche Abrechnung?», fragte mich eine Mitarbeiterin, als sie vom Buchprojekt erfuhr. Die Frage war wohl eine Andeutung auf Schawinskis «TV-Monopoly»[1], sein feuriges Plädoyer gegen das SRG-Monopol. Die Schwierigkeiten der privaten elektronischen Medien mit der Schweizer Medienpolitik werden in diesem Buch ausführlich thematisiert. Natürlich ist es Schawinskis Sicht. Wer sich für die andere Sicht, die des Medienministers interessiert, der richtet sich am besten gleich ans Bakom, das Bundesamt für Kommunikation (www.bakom.ch).

Roger Schawinski und Moritz Leuenberger waren die grossen Streithähne im medienpolitischen Zank zur Jahrtausendwende. Der eine forderte lauthals erleichterte Bedingungen für Private. Der andere beharrte still und zugeknöpft auf dem Gesetz und dem Monopol der SRG. Vier Jahre später befindet sich Bundesrat Leuenberger vor allem im Schusshagel der Kritik von Fluglärmgegnern. Berufspionier Schawinski ist Chef von Sat1 Deutschland. 25 Jahre nach dem Start von Radio 24 sendet der ehemalige Pirat wieder vom Ausland in die Schweiz. In diesem Buch hier treffen die ehemaligen Gegenspieler von neuem aufeinander, wenn auch von ihnen unbeabsichtigt. Beide nehmen noch einmal ausführlich Stellung – zum Ableben von Tele 24, zum Status von TeleZüri und zur Entwicklung der Schweizer Fernsehlandschaft. Die Überzeugungen könnten unterschiedlicher nicht sein. Nach wie vor.

Nahsehen ist ein Buch über TeleZüri. Ich gehe nicht explizit auf die kurze Geschichte von Tele 24 ein. Die wird im «TV-Monopoly» von Roger Schawinski abgehandelt. Ich konzentriere mich bewusst auf TeleZüri, weil es die Grundlage, das Programmprinzip für Tele 24 war und – im Gegensatz zu Tele 24 – damit auch überlebt hat. Mein Fokus liegt in erster Linie auf dem Jubiläumsjahr 2004. Dies hat drei Gründe. Erstens: Noch nie war das TeleZüri-Team – und damit meine ich Programm, Technik und Marketing/Werbung – so homogen, so gefestigt, so stark wie heute. Zweitens: Noch nie waren die Publikumsakzeptanz, die Wertschätzung der Zuschauer und folglich die Einschaltquoten so hoch wie heute. Und drittens: Die Aktualität hat Vorrang. Wie am Sender, so auch im Buch. Nein, dieses Buch ist keine Abrechnung. Es ist eine *Anrechnung*. Es ist eine Anerkennung für die Leistungen und Leidenschaften aller, die dazu beitragen – und beigetragen haben –, dass TeleZüri heute das ist, was es ist: das professionellste und erfolgreichste private Nachrichtenfernsehen der Schweiz. Ich schreibe das Buch aus der Sicht des Insiders. Seit der ersten Sendeminute habe ich Tausende Geschichten erlebt. Tausende Geschichten mitgeprägt. Hunderte Menschen kommen und gehen sehen. Ich hätte einen ganzen Bücherband mit Geschichten von ehemaligen und aktuellen Kolleginnen und Kollegen füllen können. Davon werden einige ausgewählt, meiner Meinung nach typische TeleZüri-Geschichten auf den nächsten Seiten wieder zum Leben erweckt.

Ich bin mir bewusst, dass manch einer und eine glaubt, er oder sie hätte eine noch bessere Story gewusst oder selber erlebt. Ein ehemaliger Mitarbeiter reagierte sogar ziemlich sauer, als ich ihn um ein paar persönliche Zeilen zu TeleZüri bat. So würde ich ihm und anderen ehemaligen Kollegen nicht gerecht werden, liess er mich wissen. Die harsche Reaktion zeigte mir einmal mehr, welch emotionalen Stellenwert dieser Sender auch bei ehemaligen Mitstreitern hat. Wer einmal bei TeleZüri war, und sei es noch so lange her, ist und bleibt ein Insider.

Endlich: Unterbrecher-Werbung

Der Zweck dieses Buchs ist nicht nur die Offenlegung der Sicht des Insiders. Ich schreibe es auch aus dem Blickwinkel des aufmerksamen Beobachters, des kritischen Betrachters. So zeigt das Buch auf, wo das «neue» Fernsehen an seine Grenzen stösst. Welche Schwierigkeiten und Unzulänglichkeiten vorhanden sind. Prozesse und Entwicklungen, die in allen Medien stattfinden, werden am Beispiel von TeleZüri hinterfragt. Wie kann ein tagesaktuelles Medium im Sog der Entwicklung zur Kosten sparenden Multifunktionalität (weniger Leute machen mehr) seine Qualität wahren? Wie hält der Sender die Balance zwischen kommerziellem Druck und journalistischen Prinzipien? Oder inwiefern ist die redaktionelle Gestaltung des Programms direkt abhängig von den Werbeeinnahmen? Sie ist es nicht, das sei jetzt schon verraten. Aber die Werbung ist für den Sender, für jeden Schweizer Privatsender, von zentraler Wichtigkeit. Der Werbung auf TeleZüri, ihrer besonderen Form und Wirkung, die es sogar ermöglicht, dass ein Bettwarenverkäufer zum Werbestar wird, ist darum ein eigenes Kapitel gewidmet.

Nahsehen wäre kein Buch über TeleZüri, gäbe es darin nicht auch Werbung. Liebe Leserin, lieber Leser: Sie halten das erste Buch mit gezielter Unterbrecher-Werbung in den Händen. Nicht zufällig – die Werbung hier ist Konzept. Was für das Programm von TeleZüri die Spots – sind für dieses Buch die Anzeigenblöcke. Hätte es auf TeleZüri keine Werbung, gäbe es keine Sendungen. Die Umkehr gilt allerdings auch: Keine Sendung, keine Werbung. Hätte es in diesem Buch keine Anzeigen, es gäbe … keine Fotos von Alberto Venzago. Was mich am Werbekonzept in diesem Buch schelmisch freut, ist die Freiheit, die Anzeigenblöcke ohne Werbetrenner zu «schalten». Einfach so. Und niemand kann uns dafür büssen. Nicht einmal das Bakom. Roger Schawinski wurde 1995 vom Bakom wegen mangelnder klarer Trennung zwischen Programm und Werbung mit 5828 Franken gebüsst. Er konnte die Summe verkraften.

Zieht Sex besser als Politik?

TeleZüri wirkt und bewirkt. Es beeinflusse das Abstimmungs- und Wahlverhalten der Bürgerinnen und Bürger, weiss Zürichs Stadtpräsident Elmar Ledergerber. TeleZüri sei meinungsbildend, direkt, unverblümt und fair, wertet Bundesrat Christoph Blocher. Der Sender leiste einen wesentlichen Beitrag zum Selbstvertrauen und Selbstverständnis in der Bevölkerung, attestiert die Zürcher Regierungsrätin Rita Fuhrer. Das Leben einer Grossregion finde auf dem Bildschirm Widerhall, meint der grüne Nationalrat und Gewerkschafter Daniel Vischer. TeleZüri ist eine gefragte Piazza, ein begehrter Speaker's Corner für Meinungen und Ansichten. TeleZüri ist Paradeplatz, Langstrasse, Zürihorn, Winterthurer Altstadt und Hüttiker Dorfplatz in einem. *Nahsehen* ermöglicht den neugierigen Blick hinter die Fassaden dieser Piazza, dieses Speaker's Corners. Wer schafft es ins TalkTäglich? Was ist, wenn der Gast eine Stunde vor der Sendung absagt? Zieht Sex besser als Politik? Was läuft im Studio, wenn das Kameralicht aus ist? Gibt es eine Zauberformel für die Sitzplätze im SonnTalk? Warum hockt dieser Stöhlker immer noch in der Runde?

Das Buch veröffentlicht eine reichhaltige Sammlung von persönlichen Statements und Erklärungen zum Programm von TeleZüri. Entscheidungsträger, Opinionleader und weitere namhafte Persönlichkeiten evaluieren auf separaten Buchseiten ihre beruflichen und privaten Erfahrungen und Erlebnisse. Jeder und jede auf seine und ihre eigene Art. Aber alle bestätigen sie die bemerkenswerte Wirkung des Senders. Wer ihn schaut – und das sind heute täglich über 500 000 Menschen –, dem ist er nicht egal. Die fotojournalistische Arbeit von Alberto Venzago dokumentiert, wie TeleZüri bei den Zuschauern im Leben, im privaten wie im beruflichen Alltag integriert ist. Sei es zu Hause in der Stube, im Schlafzimmer, im Fitnesscenter, im Kapuzinerkloster, im Strafgefängnis. TeleZüri schauen ist Zürich leben. Auch Venzago schaut TeleZüri; kennt den Sender seit dem ersten Tag, aus nächster Nähe, wohnt er doch gediegen auf dessen Dach. Mit seinen Bildern gelang es ihm meisterlich, den Spirit des Gesamtkonzepts TeleZüri fotografisch einzufangen und für dieses Buch festzuhalten.

Dieses Fernsehen ist keine unnahbare Rundfunkanstalt, kein Schulfernsehen, kein Einwegkanal. Es ist Fernsehen auf der Augenhöhe des Publikums, wie es Andreas Durisch, Chefredaktor der *SonntagsZeitung*, treffend beschreibt. Das Programm und seine Macherinnen und Macher lösen Reaktionen aus, motivieren, involvieren, euphorisieren und enervieren, erwecken bei vielen Zuschauern eigene Bilder. Nicht nur die Sendenden, auch die Empfänger werden so aktiv, suchen den Diskurs. Sie setzen sich mit dem *agenda setting*, mit den ihnen vorgesetzten Themen auseinander. TeleZüri ist ein Musterbeispiel dafür, wie Medien und vor allem das Fernsehen heute wahrgenommen werden. Die Empfänger von Fernsehbotschaften sind nicht partout die einfachen *copy cats* (Nachahmer), für die man sie lange hielt. Sie bilden sich ihre eigene Meinung, konstruieren ihre eigene gesellschaftliche Wirklichkeit – im konstanten Wechselspiel mit der konstruierten Fernsehrealität. So stimmt die alte These *the medium is the message* (McLuhan)[2] nur noch bedingt. Die Erlebniswelt TeleZüri beweist, was in der angelsächsischen Kommunikationswissenschaft schon seit Jahren erforscht wird: Die Empfänger basteln an der Botschaft tüchtig mit.[3] Mit anderen Worten: *the audience is the message.*

Zwischen dem Sender und den Empfängern manifestiert sich nicht selten eine grosse Affinität. Läuft in den ZüriNews ein Bericht über eine Familie, die durch einen Brand ihr Hab und Gut verloren hat, rufen umgehend Zuschauer an. Sie wollen helfen, stellen Wohnungen und Möbel zur Verfügung, schicken Geld. Wenn sie am Fernsehen ihre Stimme höre, teilte eine blinde Frau News-Moderatorin Christine Schnyder mit, dann würde sie Heimat spüren, Heimat sehen. Manchmal sind den Bildern und Vorstellungen, die TeleZüri auslöst, kaum Grenzen gesetzt. Ein Abend ohne TeleZüri sei wie eine Anästhesie-Krankenschwester ohne Sommersprossen, seufzt Werber Frank Baumann. «Kurz bevor es schwarz wird, sollte man sich noch etwas Aufregendes gönnen.»

So lästernd oder lustig Baumanns Tele-Vision mit der sommersprossigen Krankenschwester auch immer ist, das Bild trifft zu. Die Sommersprossen sind das Besondere, das andere, die Nische. Sie dienen aber auch der Wiedererkennung, der Identifikation. Seit je setzt TeleZüri konsequent auf News und Talk. Immer – auch in den beiden Magazinen Lifestyle und Swissdate, wenn auch in geringerem Umfang. Der Sender führt keinen Gemischtwarenladen. Er hat ein klares Konzept und generiert dadurch einen hohen Wiedererkennungswert. Das ist die Nische.

Die Erfindung des Nahsehens

Sommersprossen wirken nicht von fern, aber umso mehr von nah. Bei TeleZüri wird Fernsehen zum Nahsehen. TeleZüri ist das erste Schweizer Nahsehen. Kein anderer Sender im Land produziert so konsequent so viel Nähe wie die TV-Crew auf dem Zürcher Steinfels-Areal. Der Schlüssel dazu ist die gezielte Anwendung des Gigi-Stössel-Prinzips. Es wird in diesem Buch zum ersten Mal verraten. Natürlich mit dem Risiko, dass es andere Sender kopieren werden, wie sie schon andere Muster TeleZüri abgeschaut haben. Ohne die stündlichen Wiederholungen würde kein einziger Schweizer Regionalsender heute überleben können. Nicht nur mit Dutzenden von versierten ehemaligen Mitarbeitern, sondern auch mit cleveren Ideen wie dem Wiederholungsprinzip half das kleine TeleZüri der grossen SRG immer wieder aus. Die hat dann sogar einen ganzen Wiederholungskanal eingeführt, *SF info*.

Dank den stündlichen Wiederholungen und den stetig steigenden Einschaltquoten sind die TeleZüri-Moderatorinnen und -Moderatoren die präsentesten Gesichter auf den Zürcher Fernsehschirmen. Auf ein Mal Katja Stauber folgt am selben Abend sechs Mal Ivana Imoli. Auf ein Mal Stefan Klapproth sechs Mal Markus Gilli oder sechs Mal Hugo Bigi. Die Leute von TeleZüri reden nicht wie gedruckt. Sonst könnten sie ihre Moderationen den Zuschauern ja gleich schriftlich abgeben. Moderation ist gesprochene und nicht geschriebene Sprache. Keine Vorlesung. Auf TeleZüri wird bewusst Dialekt gesprochen und damit so geredet, dass die Zuschauer gerne mitreden – verständlich, ungekünstelt, echt. Auch das schafft Nähe.

Das Konzept des Näheschaffens zieht sich wie ein roter Faden durch das Buch. Analog zum Sender. Ob in der Moderation, im SonnTalk, im TalkTäglich, in der Technik, in der Werbung, ja in der Arbeit der Visagistinnen – überall wird bewusst Nähe produziert. Zugegeben, manchmal fast zu viel. Wer zu nah rangeht, riskiert, nicht mehr klar zu sehen. Aber grundsätzlich schärft die Nähe das Profil.

Am Anfang der Kette des Profil- und Näheschaffens stehen die Videojournalisten. Sie sind das Rückgrat von TeleZüri – immer auf der Suche nach dem *most compelling shot* (Rosenblum), nach dem alles entscheidenden Bild.

Die Einzelkämpfer und Einzelkämpferinnen erzählen in diesem Buch unverblümt aus ihrem Berufsalltag. Wie sie warum welche Bilder «schiessen» oder vermeiden. Wie sie fremde und berühmte Menschen zum Sprechen, ja zum Posieren vor der Kamera bringen. Was sie beim Anblick von Toten auf Unfallplätzen empfinden. Welche Taktiken und Tricks sie anwenden, um an brisante Informationen und Bilder zu kommen. Worin die Faszination dieses aufregenden Jobs und woraus sein besonderer Kick besteht. Ihnen, diesen *local heroes* des Nachrichtenfernsehens, widme ich das erste Kapitel. Sie, die Tag und Nacht und bei jedem Wetter dem Aufmacher hinterherrennen, haben es verdient, endlich selbst Aufmacher zu sein. <

Hugo Bigi
Am Zürichsee, 2. August 2004

[1] Schawinski, R. (2002) *TV-Monopoly. Die Inside-Story.* Zürich: Orell Füssli.
[2] McLuhan, M. (1964) *Understanding the Media: The Extensions of Man.* New York: McGraw-Hill.
[3] Dickinson R., Harindranath, R. and Linné, O. (1998) *Approaches to Audiences.* London: Arnold.
McQuail, D. (2000) *McQuail's Mass Communication Theory.* London: Sage.

Der Wiitschei. Reporter im Nahkampf

Es ist Sonntagabend. Die Pizzeria «zia Theresa» in Einsiedeln ist gut besetzt. Am Stammtisch sitzt Benno Kälin. Der Mann ist seit sechs Jahren Videojournalist bei TeleZüri. Kälin nennt sich Chäli. Ein waschechter Einsiedler nennt sich immer Chäli. Nie Kälin. Es sei denn, der Name liebäugle mit dem Showbusiness. Dann mutiert Chäli zu Kälin. Es herrscht fonetische Klarheit. Das Chäli Möneli wird zur Monika Kälin.

Donnerstag, 10. Juni 2004, 17.05 Uhr. Restaurant Waid, Zürich.
«Dass mein Grind auch noch auf dem Sender ist, ist mir nicht wichtig.»
Benno Kälin alias Chäli, Videojournalist

> Chälis gibt es in Einsiedeln fast so viele wie Fische im Sihlsee. Das elektronische Telefonbuch spuckt bei Kälin, Einsiedeln, in Sekundenschnelle über 600 Eintragungen aus. TeleZüri hat nur einen Kälin. Und alle nennen sie ihn Chäli. Mit einem scharfen *ch* wie in Chrüz-Cheib, einem geläufigen Fluchwort aus dem Klosterdorf. Chrüz-Cheib entspricht etwa dem zürcherischen Huere-Siech. Jeder auf der Redaktion weiss, was es geschlagen hat, wenn Chälis Chrüz-Cheib durch die Gänge hallt: Der Benno ist im Stress. Es ist zwanzig vor sechs. Chälis Beitrag ist als Aufmacher der ZüriNews geplant und der Benno noch nicht einmal im Schnitt.

Heute ist Chälis freier Sonntag. Ein geruhsamer Abend mit den Kollegen steht bevor. Wenn da nur die Sirene des Einsiedler Krankenwagens nicht wäre. Eine Sirene weckt bei Chäli immer Neugier. Die Sirene als Schlüsselreiz. Wäre er VJ (sprich Wiitschei) bei *New York 1*, der Modellvorlage für den Zürcher Sender, er hätte ein Sirenen-Flash im Minutentakt. «Hörst du nur *eine* Sirene, dann weisst du, dass es sich um einen Krankentransport handelt. *Zwei* Sirenen versprechen einen Unfall», fachsimpelt der Horn-Maloney. An diesem Sonntagabend in Einsiedeln identifiziert VJ Chäli nicht nur die Sirenen von zwei Ambulanzen, sondern auch jene von zwei Feuerwehrautos. Ein klarer Fall: Unfall. Etwas «Gröberes» bahnt sich an.

«Hold the camera. Don't help»! Ein Videojournalist soll am Ort des Geschehens filmen und nicht helfen. Der dies sagt, muss es wissen. Michael Rosenblum hat weltweit Hunderten von Journalisten das Handwerk des Videojournalismus beigebracht. Angefangen vom US-Sender *New York 1* bis in die *Newsrooms* der ehrenwerten *BBC*. Im Sommer 1994 formte der ehemalige *CBS*-Produzent unter der motivierenden Aufsicht von Roger Schawinski fünfzehn Fernsehfrischlinge zur ersten Gilde von Schweizer VJs. Chäli verdingte sich zu der Zeit als Lokalredaktor beim *Boten der Urschweiz*. Rosenblum, der heute in New York Videokurse für jedermann hält, hätte seine helle Freude an VJ Chäli. Der Einsiedler entspricht ziemlich genau dem Urbild des rosenblumschen Kleinkamerahelden. Er hat das Ding immer auf Mann oder zumindest auf dem Rücksitz seines Fiat Punto. Somit ist Chäli jederzeit einsatzbereit. Auch heute Abend an seinem freien Tag.

Das alte Fernsehen ist tot

«You are going to make history», beschwor der amerikanische VJ-Guru seine Schweizer Jünger. Die faszinierten Azubis mit (heute) mehr oder weniger bekannten Namen wie Reto Brennwald *(SF DRS)*, Eva Wannenmacher *(SF DRS)*, Gregor Sonderegger *(SF DRS)*, Matthias Ackeret *(Persönlich)*, Peter Röthlisberger *(Die Weltwoche)* und Nik Niethammer *(Sat1)* glaubten dem Meister aus New York aufs Wort. Oder besser noch: aufs Bild. Denn das Bild hat immer Vorrang. Das ist die VJ-Regel Nummer 1. So gelobten die euphorisierten Video-Greenhörner ihrem Meister, für eine Minute Sendezeit satte dreissig Minuten Bildmaterial zu produzieren.

VJ-Regel Nummer 2: «If it is not on tape, it has never happened.» Wenn du es nicht auf dem Band hast, dann ist es nicht passiert. Daraus folgt: Je mehr Material aufgezeichnet wird, desto grösser ist die Chance, dass auch etwas passiert (ist). Nie wurde die Fernsehrealität einleuchtender definiert. That's real television. Echtes Fernsehen, echt demokratisch. Laut Michael Rosenblum kann jeder und jede nach einer kurzen, dafür umso intensiveren Ausbildung eine kleine handliche Videokamera bedienen und sich als Reporter verwirklichen. «Das alte Fernsehen ist tot, es lebe das neue – und TeleZüri wird es als Erstes anbieten», triumphierte Roger Schawinski.

Kein Wunder, dass das rosenblumsche Dogma der demokratischen Nachrichtenproduktion Schawinskis Televisionen beflügelte. Nicht nur der professionelle VJ, auch das Backoffice des Senders, die Telefonistin, ja warum nicht sogar die Putzfrau, sie alle müssten doch – nach einer VJ-Schnellbleiche – fähig sein, für das erste tagesaktuelle Privatfernsehen der Schweiz «Nuus» zu produzieren. Vielleicht begegnet die Telefonistin ja zufälligerweise Udo Jürgens – am Sonntagnachmittag beim Bootfahren auf dem Zürichsee – denn vielleicht fährt ja auch die Putzfrau irgendwann einmal an einem Unfall vorbei.

Die Telefonistin sah Udo Jürgens übrigens nur einmal. Er erschien ihr am Premierenabend von TeleZüri, in der allerersten News-Sendung. Es war in einem Konzertbericht, Udo 94 kaum erkennbar, so düster wars während des Interviews. Nicht die Telefonistin, sondern VJ Florina Rudin war nach Köln gejettet, um wenigstens einen prominenten (Wahl-)Zürcher in der ersten Sendung zu präsentieren. Und was war mit der Putzfrau? Die fuhr jeden Tag mit der S-Bahn zur Arbeit. Unfallfrei. Man merke: Nicht immer entwickelt sich das Visionäre zum Televisionären. Die totale Demokratisierung des Zürcher Nachrichtenwesens lässt weiter auf sich warten.

Erst Pizza, dann Unfall

Chälis Sirenenkenntnisse bewähren sich von neuem. In der Pizzeria «zia Theresa» schellt ein Handy. Der Stammtisch verstummt. Ob der Beckham tatsächlich unter dem Hag hindurchgefressen hat oder nicht – sie werden die angeblich amourösen Abseitsstellungen des verheirateten Starkickers später ausjassen. Das Interesse gilt jetzt ganz klar Chäli Benno. Endlich findet der in seiner VJ-Jacke (von C&A gesponsert) sein schreiendes Natel. «Chäli!» Holdener Geri, Redaktor beim *Boten der Urschweiz*, ruft an. Holdener und Chäli – das sind zwei Journalistenkollegen, die von gegenseitigen Tipps leben. Chrüz-Cheib, Holdener sagt, es sei tatsächlich etwas Gröberes passiert. Eine Frontalkollision mit zwei Pw, kurz vor Rothenthurm, wahrscheinlich zwei Tote.

Chäli tut nun, was er als erfahrener Videojournalist immer tut: Er telefoniert. Die Schwyzer Kantonspolizei bestätigt: zwei Tote. Chäli kontaktiert die Feuerwehr. Die Bergung der Opfer sei schwierig. Am Telefon ist die Redaktion in Zürich. News-Produzent Andi Müller lässt sich vom VJ die ersten Informationen schildern. Schon wieder eine Frontalkollision, zwei Tote? Rothenthurm? Liegt das noch im Sendegebiet? Ja, knapp. Okay, das müsste eine Geschichte für die morgige News-Sendung hergeben, meint Müller, selber Videojournalist und erfahrener Unfallberichterstatter.

Müller hat schon die Dramaturgie, die *running order*, der ZüriNews vom Montagabend vor Augen. Als Aufmacher sieht er die geplante Top-Story, das Sechseläuten mit der gesetzten Böögg-Verbrennung, schlicht *das* Züri-Thema des Tages. Dieses Jahr übrigens mit willkommenem Promi-Bonus: Blocher, Beckenbauer. Als Nächstes baut Müller in seinem Mentalslalom Chälis Unfallgeschichte ein. Ein guter Kontrast. Zuerst die geplante, inszenierte heile Welt der Zünfter in der Sechseläuten-Masse. Dann das Unvorhergesehene, das Unheil, welches in der Einsamkeit einer Landstrasse auf wenige Einzelne hereingebrochen ist. Der Mix wird stimmen, morgen. Da ist sich Andi Müller heute schon sicher. Am Schluss bräuchte es allerdings noch ein herziges Jöö-Geschichtli. Eine spektakuläre Tiergeburt im Zürcher Zoo, zum Beispiel. Im Journalismus gebe es nichts Zynischeres als eine Nachrichtensendung im Fernsehen, behauptete Michael Rosenblum. Das war im Spätsommer 1994, noch bevor die ersten TeleZüri-Bilder laufen lernten. Er sollte Recht behalten.

Es ist Viertel vor acht an diesem Sonntagabend im April 2004. Im Programm von TeleZüri läuft die Sendung SonnTalk. SVP-Präsident Ueli Maurer, SP-Nationalrat Mario Fehr und Unternehmensberaterin Sonja A. Buholzer diskutieren mit Talkmaster Markus Gilli über den Horrorunfall von vergangener Woche im Bareggtunnel. Für einmal sind sie sich alle einig: Es braucht verschärfte Vorschriften und Kontrollen für schwere Lastwagen, damit das Auffahrrisiko verringert wird.

In Einsiedeln, wo nicht zuletzt wegen *local hero* Chäli Benno oft TeleZüri geschaut wird, diskutieren sie bereits den Unfall von morgen. Obwohl schon heute Abend passiert, wird das Unglück erst morgen Realität, Fernsehrealität. VJ Chäli wird für die Konstruktion dieser Realität besorgt sein. Er schaut auf seine Uhr. Als routinierter Unfallreporter weiss er, dass bei einem schweren «Chlapf» die Bergungs- und Ermittlungsarbeiten vor Ort mindestens zwei Stunden dauern. Es sieht ganz danach aus, als wolle VJ Chäli erst einmal seine Pizza fertig essen.

Wie kann einer in aller Seelenruhe eine Pizza essen, wohl wissend, dass er eine halbe Stunde später mit vollem Magen an den Ort geht, wo gerade zwei Menschen verstorben sind? «Routine», zuckt Chäli die Schultern. In der Regel seien die Leichen bereits zugedeckt oder abtransportiert, wenn er als Videojournalist an der Unglücksstelle oder am Tatort auftauche. In solchen Fällen käme bei ihm kaum Emotionalität auf. Natürlich nur, solange er persönlich keinen Bezug zu den Opfern oder ihren Angehörigen habe. Darum hofft er auch heute, dass keine Einheimischen in den Unfall verwickelt sind. Hier in der Region kennt jeder jeden.

Einigen Videojournalisten bereitet der Einsatz auf Unfallstellen emotional mehr Mühe. Pascal Billeter spricht aus, was viele VJs aus ihren Erfahrungen kennen: die oft gespensterhafte Ruhe am Unfallort, der Anblick von Leichen oder Leichenteilen, der nachhaltig in Erinnerung bleibe. Andere VJs empfinden es als belastend, nach dem Dreh an einem Unfallplatz selber wieder ins Auto zu steigen. «Ich habe mich schon ertappt, wie ich auf der Autobahn plötzlich nur noch 80 fuhr, obwohl ich eigentlich in die Redaktion hätte rasen sollen», erzählt Belina Schiess. Zusammen mit Sarah Allemann ist sie die dienstälteste VJ-Frau bei TeleZüri. Allemann hat vor einiger Zeit in die Redaktion des Magazins LifeStyle gewechselt, wo sie sich mit Bettina Portmann, Christian Trottmann und Chef Christian Köppel den schönen Dingen des Lebens widmet. Diese Sendung ist garantiert unfallfrei.

Inzwischen am Unfallort in Rothenthurm angekommen, wartet Chäli, bis die zwei Leichen abtransportiert sind. Die Kamera bleibt noch ausgeschaltet. Respekt und Fairness sind oberstes Gebot. Chäli mustert den Ort des Geschehens. Es beginnt zu regnen. Seine Brille beschlägt sich. Auf einer Unglücksstelle sucht er jeweils als Erstes nach den Autokennzeichen. Die Autonummer ist der Schlüssel zur Identität der Opfer und der am Unfall Beteiligten. Die Personalisierung im Nachrichtengeschäft hält vor dem Tod nicht inne. Die Namen der Opfer werden jedoch nicht veröffentlicht. Ausser ihre Angehörigen würden das so wollen.

Showdown im Privatfernsehland

TeleZüri-VJs filmen keine Toten. Mit dieser Maxime kann Chäli gut leben. Hat die Polizei die Autonummer wie heute Abend bereits beschlagnahmt, schweift sein prüfender Reporterblick nach anderen Gegenständen aus. Oft liefert der Plastikrahmen der Autonummer oder ein Ölwechsel-Zettel einer Garage am Schaltknüppel des Unfallautos wichtige Hinweise zur Identifikation des Fahrers. Warum ist die Identifikation der Opfer so wichtig? «Für einen eventuellen Folgebericht. Denn ein schwerer Unfall löst immer Emotionen und Diskussionen aus, bei Angehörigen, bei Behörden, Experten, in der Öffentlichkeit», weiss VJ Chäli. *Hit the big story hard,* hiess es damals bei Master Rosenblum. Hol alles aus deiner Geschichte heraus.

Chäli beginnt zu filmen. Ruhig, gelassen, dezent neugierig umkreist er die beiden Autowracks. Routinearbeit.

Er ist in seinen sechs Jahren als Videojournalist schon manchen Bildern der Zerstörung begegnet. Immer wieder hält er an. Positioniert seine Sony DigiCam. Hält drauf. Nimmt die Zerstörung in den Fokus. Jetzt ist der Moment, wo der VJ zum Programmdirektor wird. Er allein selektioniert, was News ist. Und was der Öffentlichkeit für immer verborgen bleibt. Wie sagte Rosenblum? Wenn es nicht auf dem Band ist, dann ist es nicht passiert. Punkt. Keiner redet Chäli drein. Kein Kameramann mit Überstundenfrust, kein pingeliger Tönler, schon gar kein besser wissender Redaktions-Oldie. Der Dreh ist *powered by VJ*. Chäli Benno ist Ted Turner, Ingrid Deltenre und Roger Schawinski in einem. *Chäli rules!*

Auf TeleZüri ist Fernsehen Nahsehen. Schon am ersten Tag wurde den Nahseh-Neulingen mantramässig eingeflösst, dass der tagtägliche Showdown im Privatfernsehland im Nahkampf und nicht im Bogenschiessen auf offener Prärie stattfinde. Das Leben ist am spannendsten im *close-up*. Das Überraschende, das Unberechenbare, aber auch das Unheimliche, ja der Teufel stecken bekanntlich im Detail. Also geht Chäli noch näher ran. Er filmt das verbogene Lenkrad, die Scherbenhaufen der Windschutzscheibe, die zerquetschten Sitzpolster, Gegenstände der Autoinsassen (diesmal fällt nichts besonders auf), Öl- und Benzinlachen am Boden, Bremsspuren, die Markierungen der Kantonspolizei.

Chäli weiss, dass er morgen Nachmittag in Zürich im Schnitt aus diesem Bildmaterial das Einstiegsbild in seine Geschichte wählen wird: *the most compelling shot,* das zwingende Bild. Es wird die Nahaufnahme des Lenkrads im Scirocco-Wrack sein. Laut Aussage von Florian Grossmann, Mediensprecher der Kantonspolizei Schwyz, die VJ Chäli selbstverständlich aufzeichnet, soll der Unfallverursacher am Steuer des VW Scirocco gesessen haben. Er sei schwer verletzt. Bei den beiden Toten handelt es sich um ein älteres Ehepaar. Sie waren in einem VW Golf unterwegs. Was von ihrem Wagen übrig bleibt, ist ein Abbild des Grauens. Chäli hat es auf seinem Videoband verewigt.

Nach zwei, drei Totalen, *establishing shots,* die mehr oder weniger das Unfallszenario als Ganzes illustrieren, packt Chäli Kamera und Stativ zusammen. Es wird kühl in Rothenthurm. Morgen Vormittag wird er seine Geschichte weiterbauen. Noch ist offen, wie es zu dem verheerenden Unfall kam. Chäli Benno fährt zurück nach Einsiedeln. Im «Doc Holiday» warten die Kollegen und der Schlummertrunk.

Verkehrsunfälle gehören zum alltäglichen Nachrichtenfutter des Lokalsenders. Sie enthalten die Grundelemente einer News-Geschichte: Aktualität, Unmittelbarkeit, Negativität, Nähe, Emotionalität, Personalisierung. Je schwerer und fataler der Unfall, desto höher ist sein Nachrichtenwert. Sein *news value,* wie Rosenblum sagen würde. Die Zahl der Unfallberichte auf TeleZüri sei im Vergleich zu früher jedoch zurückgegangen, bemerkt Programmleiter Markus Gilli. «Wir zählen nicht die Opfer am Wegrand.»

Mit Unfallberichten holt man sich keine Journalistenpreise. Auch ein Chrampfer wie Chäli Benno nicht. Trotzdem sei er sich nie zu schade, im miesesten Hudelwetter mit Kamera und Stativ an einen Unfall auszurücken. Die körperliche Abhärtung dazu holt sich der Einsiedler auf dem Hoch-Ybrig. Im Sommer auf Rädern, im Winter auf Brettern. Meist unfallfrei.

Das Mysterium von Rothenthurm

Was ihn journalistisch am Unfall reize, sei dessen Logik, die Ursache und Wirkung, sagt Chäli. Die Ursache des tödlichen Unfalls in Rothenthurm bereitet ihm allerdings Kopfzerbrechen. Am nächsten Morgen recherchiert er darum im Internet, bei sich zu Hause in Einsiedeln. Auf der Homepage der Schwyzer Kantonspolizei checkt er alle Mediencommuniqués durch. Er telefoniert mit Schwyz. Ja, die Häufigkeit der Unfälle an derselben Stelle sei ihnen aufgefallen, heisst es auf der Zentrale. Die Redaktion in Zürich ist auch der Meinung, dass er dem Phänomen der Unfallhäufigkeit nachgehen soll. Chäli hat Zeit. Heute wird sein Chrüz-Cheib nicht zu hören sein in den Gängen des Senders an der Heinrichstrasse. Mit der Böögg-Verbrennung ist der Aufmacher der ZüriNews von 18 Uhr gesetzt. Es sei denn, es passiere noch etwas «Gröberes», etwa in der Grösse von Bassersdorf (Crossair-Absturz vom November 2001) oder Oerlikon (Zugkollision vom Oktober 2003). Der Böögg hätte dann Knall auf Fall an Aufmacherqualität, an *news value,* verloren.

Drei Unfälle innert Jahresfrist. Fast immer an der gleichen Stelle, eingangs Rothenthurm. Der Unfallverursacher kam jedes Mal aus derselben Richtung, von Biberbrugg her. Die Bilanz ist erschreckend: 4 Tote, 12 Verletzte. Ist das nun reiner Zufall? Oder herrscht so etwas wie ein Fluch über der Todesstrecke, dieser geschichtsträchtigen Strasse der alten Eidgenossen, entlang dem unheimlichen, idyllischen Hochmoor, das einmal Opfer eines Waffenplatzes werden sollte?

«Wir haben es mit einem Mysterium zu tun», rätselt Rothenthurms Gemeindepräsident Schuler Hubert in Chälis Kamera. Genau, das ist sie, meine Schlagzeile, denkt sich Chäli. Diese Geschichte läuft nicht einfach unter dem Titel «Tödlicher Unfall in Rothenthurm». Der Aufhänger ist das Mysterium, das Mysterium von Rothenthurm. Nur ärgert es ihn, dass der Gemeindepräsident nicht schon am Morgen am Telefon von diesem Mysterium sprach. Er hätte dazu im Dorf natürlich eine kurze Umfrage gemacht. Umfragen emotionalisieren und dramatisieren solche Geschichten.

Chäli hat den Mix der Umfrage bereits im Kopf: Sie beginnt mit einer Frau, am liebsten mit einem Kleinkind auf dem Arm. Dann folgt die Stimme eines Gross-Täddis, eines Grossvaters, der schon in Rothenthurm lebte, als im Tag höchstens zwei Automobile über die Naturstrasse ratterten und die Kinder den stiebenden schwarzen Karossen noch nachrannten. Als Nächster spricht der Pöstler. Natürlich dürfen auch Jugendliche nicht fehlen. Idealerweise eine Schweizerin mit einheimischem Namen wie Schuler oder Föhn, dazu, wenn möglich, ein Zweitgenerationler, ein Secondo. Selbstverständlich würde er bei den Lehrern oder gar Eltern der Jugendlichen die Zustimmung zum Auftritt der Jugendlichen vor der Kamera einholen. Was allerdings sehr aufwändig wäre.

Zu dieser Umfrage reicht seine Zeit sowieso nicht. Chäli stellt mit zwei Handgriffen das Stativ auf. Kamera drauf, Kamera läuft. Zwei Meter vor seiner Kamera geht der VJ in Stellung, Mikrofon im Anschlag. «Eins, zwei, drei …» Chäli überprüft, was er gerade gefilmt hat. Ton gut, ganzer Kopf im Bild, Mikrofon nicht zu nahe am Mund, im Hintergrund ein bisschen Strasse, Nebel, Schneefall. Jetzt gilt es ernst. VJ Chäli macht einen *stand up.* Beim zweiten Anlauf klappt es. 12 Sekunden dauert die Aufnahme, während der er nochmals auf das bedrohliche Mysterium hinweist.

Markt der Eitelkeiten

VJs haben ein ambivalentes Verhältnis zum *stand up*, dem persönlichen Auftritt in der Schlusssequenz des Beitrags. Seit dem ersten Sendetag gibt es zum Beispiel die Gruppe der Kreativen. Sie nutzen die paar Sekunden Sendezeit für mehr oder weniger originelle Selbstdarstellungen. «Der *stand up* ist die Visitenkarte deines Berichts», meint Matthias Rusch aus dem aktuellen VJ-Team. Hin und wieder lässt die Präsentation der «Visitenkarte» sogar eine Einladung folgen. Als sich VJ Rusch im heissen Sommer 2003 in seinem *stand up* mit nacktem Oberkörper präsentierte, kriegte er am anderen Morgen einen viel versprechenden Express-Brief. Von einem äusserst bezirzten Männer liebenden Mann. Rusch steht aber auf Frauen.

Im *stand up* spielt der Markt der Eitelkeiten. Von Stefan Klameths Alain-Sutter-Mähne bis zu Rolf Dietrichs Kojak-Kahlkopf – der *stand up* der TeleZüri-Videojournalisten eignet sich für manch einen Trend-Coiffeur als interessante Feldforschung. Was die Kleider anbelangt, gab es (vor allem in den ersten Jahren) alles zu bestaunen. Das Klamotten-Kaleidoskop reichte von der überdimensionierten Daunenjacke bis zum knappen Tanker-Shirt, vom artigen Chefsekretärinnen-Blüschen bis zu Britney-Spears-bauchfrei.[1] Nicht nur mit Kleidern und Frisuren, auch mit allen denk- und undenkbaren Kameraeinstellungen wurde in den ersten zehn Jahren auf TeleZüri experimentiert. Es entstanden alle möglichen und unmöglichen Kombinationen von VJs mit Prominenten, Lokalhelden, Kranken, hundertjährigen Jubilaren, Dorforiginalen und Marginalen. Und, ganz wichtig und einschaltquotenträchtig, mit Tieren aller Gattungen. Kaum ein Viech, das noch nicht mit einem VJ in einem *stand up*-Duett über die Mattscheibe flimmerte. Von der Ratte des Zürihorn-Punks bis zum Circus-Knie-Elefanten.

Einige VJs nahmen das Konzept der Personalisierung im *stand up* wortwörtlich. Sie benutzten den 20-Sekunden-Auftritt als Plattform für persönliche Durch- und Danksagungen. Dazu ein Beispiel mit fast schon rührender Note: Am Schluss eines Berichts über Zürcher Weihnachtsvorbereitungen liess es sich VJ Stefan Reinhart nicht nehmen, endlich auch mal öffentlich zu sagen, dass seine Grossmutter die besten Guetsli auf der ganzen Welt backe.

Viel nüchterner präsentiert sich die Gruppe der Realos. Für diese Spezies VJ ist der *stand up* im besten Fall Pflicht. Manchmal eine Pein. Im schlimmsten Fall eine Peinlichkeit. «Dass man meinen Grind auch noch auf dem Sender sieht, ist mir nicht wichtig», meint Chäli. Aber gewisse Türen würden schon aufgehen, weil der VJ dank seines mehr oder weniger bekannten Fernsehkopfs schnell erkannt werde. Eine Erfahrung, die der Absicht und Funktion des *stand up* ziemlich genau entspricht. Der Reporter soll mit der Geschichte und mit dem Tatort identifizierbar sein. Der VJ ist immer vor Ort. Dies steigert die Authentizität des Berichts. Mögen also der Nebel und der Schneefall hinter Chälis Rücken die Vorstellung des Mysteriums von Rothenthurm unterstützen.

Zuletzt immer Vollgas

Die Zeit drängt. Um 16 Uhr sollte Chäli in Zürich im Schnitt sein. Rund 60 000 Kilometer schnetzelt der rasende Reporter auf Autobahnen, Haupt- und Nebenstrassen, manchmal auch auf Feldwegen. In seinem Zimmer habe er eine Landkarte hängen, auf der ersichtlich ist, an welchen Orten er seine VJ-Taten bisher vollbracht hat. Das erzählen Chälis Kollegen. Seit der Schliessung von Tele 24 Ende November 2001 hat sich Chälis geografischer Wirkungsradius sichtbar verkleinert. Dass Tele 24 den Laden dichtmachte, fuchst ihn heute noch. Warum musste dies gerade ihm passieren, ihm, der nach Jahren des Redaktordaseins bei der Lokalzeitung endlich die nationalen und internationalen Themen anpacken wollte. Und manchmal auch konnte. Recherchen zur Belasi-Affäre brachten Tele-24-VJ Chäli bis nach Graz. Das waren noch Zeiten. Immerhin, das Finale der Miss-Schweiz-Wahl 2003 brachte TeleZüri-VJ Chäli wenigsten bis ins Tessin. Missen und Mysterien – seine Kollegen im «Doc Holiday» würden ihn manchmal schon beneiden.

Autofahren ist Arbeit. Wie die meisten VJs nutzt auch Chäli die Fahrzeit vom letzten Drehort zum Studio für den gedanklichen Bau der Geschichte. Rollende Planung nennt man das. Einige, unter ihnen auch VJ Chäli, lassen es nicht immer bei den Gedanken bleiben. Sie kritzeln den Text, das *script*, ihrer Story schon mal während voller Fahrt auf ein Blatt Papier auf dem Beifahrersitz. Diese Praxis stand nicht in Rosenblums und Schawinskis Anleitung zum Videojournalismus. «Was willst du?», relativiert Chäli. «Sie verlangen von dir, dass die Story um 18 Uhr auf Sendung ist. Gut. Wenn du also erst um 17.30 Uhr in die Redaktion hechtest, weil du noch um 17.15 Uhr das entscheidende *quote* reingeholt hast, und du jetzt tatsächlich an deinem Computer noch Textli schreiben willst, dann gute Nacht ZüriNews! Dann kannst du dich gleich bei der *Tagesschau* bewerben.»

Das Fehlen der Umfrage zum Mysterium von Rothenthurm nervt. Chrüz-Cheib. Neun von zehn seiner Geschichten seien nicht optimal, verrät VJ Chäli selbstkritisch. Mit fünf von zehn Storys könne er einigermassen leben. «Das ist eine meiner schlechtesten Geschichten», tiefstapelt VJ Chäli, als er um 16.15 Uhr zu Oliver Wüest in den Schnitt 3 platzt. «Das sagt Chäli fast jedes Mal, wenn er in den Schnitt kommt», meint Cutter Wüest gelassen. Weniger locker nimmt Wüest Chälis Wahl des ersten Bildes. Der *close-up* vom komplett zerstörten Innenraum des VW Scirocco zeigt Blut neben dem verbogenen Lenkrad. Es ist das Blut des schwer verletzten Fahrers, des Unfallverursachers. Muss das sein? Chäli findet, ja. Das Blut veranschauliche die Brutalität des Unfalls. Wüest würde das Bild weglassen. Das Ausmass der Zerstörung sei auch ohne Blut eindrücklich. Das Bild kommt rein.

In einer halben Stunde ist Chälis Beitrag fertig geschnitten. Die Länge des Berichts: Zwei Minuten und sieben Sekunden. Chäli übergibt die Kassette dem Produzenten. Er weist nochmals darauf hin, dass man – also eigentlich er selbst – diesem Mysterium von Rothenthurm wirklich auf die Pelle rücken sollte. Aber eben, heute ist Sechseläuten und morgen – wer weiss schon, was morgen News ist. Genau in dieser Ungewissheit liegt ein Teil der Faszination, der sich der dienstälteste noch aktive News-VJ von TeleZüri immer wieder lustvoll ausliefert. «Du kommst am Morgen ins Studio und hast meist keine Ahnung, was du am Abend geleistet haben wirst.» Claude Winet, der als Produzent für die heutige ZüriNews-Sendung verantwortlich ist, platziert Chälis Geschichte als ersten Beitrag nach dem Sechseläuten-Schwerpunkt. Wie erwartet. Christine Schnyder weist in ihrer Moderation zum Bericht auf das Mysteriöse des Unfalls hin. Wie abgemacht.

Als der Bericht in den ZüriNews über den Sender geht, befindet sich VJ Chäli schon längst auf der Heimfahrt. Zwischen Biberbrugg und Einsiedeln fällt ihm auf, dass der Neuschnee vom Morgen weg ist. Einige Nebelschwaden kleben an den Hängen. Die Stimmung kommt ihm irgendwie mysteriös vor. Rothenthurm ist nicht weit weg, auf der anderen Seite des Hügels. Auf Pizza hat Chäli heute keine Lust. <

[1] *Das Moderationsteam wird seit dem Sendestart professionell eingekleidet. Die wichtigsten Sponsoren bisher: Bernie's, Hugo Boss, Navyboot, Feldpausch, PKZ. Seit einigen Jahren tragen auch VJs gesponserte Kleider. Aktueller Sponsor (2004): C&A.*

www.volkswagen.ch

bstoff-Normverbrauch beim 1,9 l TDI 77 kW (105 PS) 6-Gang: gesamt 5,2 l/100 km. CO_2-Ausstoss: 140 g/km. Energieeffizienz-Kategorie: A.

Made in Switzerland?

arum steht uns Schweizerinnen und Schweizern dieses tomobil eigentlich so nahe und macht es seit seiner Markt- nführung 1974 praktisch ununterbrochen Jahr für Jahr m meistgekauften?

arum wird der Golf von allen Altersklassen und Gesell- haftsschichten genau so geschätzt, geliebt und respektiert e kein anderes Automobil?

arum ist das Original und der Vorreiter einer eigenen Klasse ch in der 5. Generation unangefochtener Massstab?

Vielleicht gerade deshalb, weil der Golf auf die gleichen Tugenden setzt, die auch wir uns gerne immer wieder auf die Fahne schreiben: Qualität, Zuverlässigkeit und Bodenhaf- tung. Verbunden mit überdurchschnittlichen Leistungsmerk- malen, aber eben auch Understatement. Und dem Talent, die eigenwilligsten Wünsche unter eine Haube zu bringen. Kurz: Würden wir Schweizer ein Auto bauen, dann wäre es ein Golf. Aber eben; wieso extra selber bauen, wenn es ihn schon fixfertig zu kaufen gibt?

Aus Liebe zum Automobil

WIR GRATULIEREN

Endlich mal ein

Tele Züri wir

Herzlichen G

Media

Ich bin doc

... doppelt so gross, doppelt so schön ...

Das Gigi-Stössel-Prinzip oder Was ist News?

Gigi Stössel lebt in Schwamendingen. Sie lebt gut. Wenn auch nicht in Saus und Braus. Reiheneinfamilienhaus, kleiner Garten, Grillplatz, keine Gartenzwerge. Sie hat einen Mann, ein schulpflichtiges Kind, eine Katze.

> Gigi Stössel ist nicht mehr ganz jung, aber im besten Alter. *Young at heart,* würde Roger Schawinski sagen. Sie ist gebildet, aber nicht verbildet. Sie ist in keiner Partei, wählt tendenziell bürgerlich. Immer öfter die SVP. Was sie aber nicht laut gesagt haben will. Denn Gigi Stössel hegt auch Sympathien für die SP. Sie schätzt den Zürcher Stadtpräsidenten Elmar Ledergerber. Weil der sich für das neue Fussballstadion und gegen die Südanflüge ins Zeug legt. Sie bewundert die Nationalrätin Christine Goll. Die lasse sich von niemandem über den Tisch ziehen.

Gigi Stössel hat auch FDP-Mann Filippo Leutenegger gewählt. Seit der jedoch öffentlich gegen die Mutterschaftsversicherung anredet, hat er bei ihr mächtig an Italianità eingebüsst. Kürzlich hätte sie ihm beinahe die Meinung gesagt, als Leutenegger und Goll im TalkTäglich über die AHV-Revision stritten. Gigi Stössel kam bei der Telefonrunde nicht durch. Dafür freute sie sich umso mehr über Joschka Fischer. Als der deutsche Aussenminister in Rüschlikon zum Gottlieb-Duttweiler-Preisträger gekürt wurde, fiel er ihr beim Schauen der ZüriNews fast in die Stube herein. So nah war die Kamera am Polit-Star dran. Gigi Stössel findet Fischer sexy. Jetzt erst recht, nachdem dieser im Bericht von VJ Rolf Dietrich von irgendeiner «alten Beziehung» zu Zürich sprach.

Gigi Stössel ist interessiert an Zürich. An dem, was ihre Stadt zu bieten hat an Klatsch, Kultur, Lifestyle, Gesellschaftlichem, Sport und Politik. An allem – im Prinzip. Denn Gigi Stössel *ist* das Prinzip. Das Gigi-Stössel-Prinzip. Sie verkörpert das Prinzip, das Wesentliche und Typische, das die TeleZüri-Macher im Zuschauerprofil des Senders erwarten. Und auch immer wieder bestätigt bekommen. Wer also im Telefonbuch nach Gigi Stössel in Zürich-Schwamendingen sucht, findet sie dort nicht. Wer die tägliche Einschaltquoten-Liste von TeleZüri konsultiert, der findet sie rund 500 000-mal. So viele Zuschauerinnen und Zuschauer schalten sich im Jubiläumsjahr von TeleZüri durchschnittlich und täglich ins Programm ein.

Gigi Stössel musste als Zuschauerin erst gewonnen werden. Als TeleZüri am 3. Oktober 1994 startete, zweifelten nicht wenige Medienexperten am Zuschauerpotenzial des Zürcher Fernsehens. Zürich sei nicht New York, wurde in Anspielung auf TeleZüris Modellsender *New York 1* moniert. Vielleicht werde TeleZüri schon bald «unter dem *CNN*-Syndrom leiden», wähnte die *NZZ* in ihrer Kritik. Vielleicht würden die Leute bloss einschalten, wenn etwas Ausserordentliches geschehe. Vielleicht. Vielleicht hat auch die *NZZ* nicht immer Recht. Zwar stimmt es, dass ausserordentliche und unvorhergesehene Ereignisse TeleZüri hohe Einschaltquoten garantieren. Wenn am Nachmittag der Bareggtunnel brennt, die Radios über den Vorfall informieren, dann wollen die Leute am Abend im Fernsehen die Bilder und Meinungen dazu sehen. Am Tag der tödlichen Schiesserei bei der ZKB in Zürich-Enge schauten 325 000 die ZüriNews. Über 220 000 verfolgten die entsprechende Diskussion im TalkTäglich.

Im Rezeptbuch des Senders steht an oberster Stelle: Die Aktualität schlägt alles. «Bei einem Grossereignis müssen wir Leader sein, alle Programmstrukturen aufreissen. Die Devise lautet *breaking news.* Wir sind live vor Ort – wenn das Epizentrum nicht gerade in Kabul liegt», erklärt Programmleiter Markus Gilli. Je näher das nachrichtenwürdige Topereignis, desto grösser und wichtiger die Berichterstattung. Meist ist auch Gilli selber ganz nah am Epizentrum, reportiert und analysiert wortmächtig die Geschehnisse. Das war der Fall beim ZKB-Drama am 5. Juli 2004. Wie auch schon früher beim Swissair-Grounding, beim Crossair-Absturz in Nassenwil oder bei der Zugkatastrophe in Oerlikon. Konsequent und kompetent setzt der Programmleiter in diesen Momenten auf den schnellen und schnörkellosen Informationsjournalismus. Er hatte ihn vor einem Vierteljahrhundert als einer der ersten Radio-Rookies von Roger Schawinski gelernt. Später zog er als Redaktions-Lokomotive jahrelang erfolgreich den Radio-24-Nachrichtenexpress.

Mann beisst Hund

Trotz anfänglicher Skepsis der *NZZ* verstand es TeleZüri immer besser, eine eigene Nachrichtenkultur zu etablieren. Boulevardesk in Themenstruktur und Präsentationsform setzte der Sender von Anfang an auf die Kombination von Aktualität und Mensch. «Menschen, Menschen, Menschen. Wir vermitteln keine theoretischen Stoffe», konkretisiert Programmleiter Gilli sein Bekenntnis zum Prinzip der Personalisierung. «We show people», pflegte es sein früherer Chef Roger Schawinski amerikanophil auszudrücken. Das Personalisieren der Aktualität ist Programm. Immer. Der Kern der Berichterstattung ist der einzelne Mensch, sein Verhalten, seine Leistung, sein Schicksal. Mit Vorliebe wird das Besondere, das Überraschende hervorgehoben. News ist, wenn gewöhnliche Leute Aussergewöhnliches leisten. Oder wenn ihnen etwas Ausserordentliches widerfährt. Ganz nach dem alten angelsächsischen Journalistenwitz: *Man bites dog* – Mann beisst Hund. Andrerseits ist genauso News, wenn aussergewöhnliche Leute, Prominente, in einem ganz gewöhnlichen, alltäglichen Kontext stattfinden, nahbarer, identifizierbarer werden. Somit wird die Prominenz privatisiert.[1]

Anhand dieser Personalisierungsmuster wird jeder, der für TeleZüri einen Nachrichtenwert hat, erst einmal «telezürisiert». Es trifft alle – Entscheidungsträger und Meinungsmacher wie die Frau und den Mann auf der Strasse. Letztere treten häufig in der Rolle von Augenzeugen oder Opfern auf. Diese Rollenkonstruktion heizt die Emotionalität des Kontexts gewöhnlich an. Sie erhöht den Betroffenheitsgrad. Programmleiter Gilli ist sich dessen bewusst. Er verwahrt sich jedoch vehement gegen den Vorwurf, TeleZüri würde der möglichen höheren Einschaltquoten wegen emotionalisieren, der Sender würde die Geschichten mit künstlich erzeugter Aufgeregtheit frisieren. Emotionen seien zwar wichtige Ingredienzien der Fernsehberichterstattung. Jedoch müssten auch Emotionen auf Fakten gründen. «Wir betreiben keinen Sensationsjournalismus. Aber wir machen ein Programm am Puls der Zuschauer. Jeden Morgen um 9.30 Uhr, wenn die Einschaltquoten vom Vortag eintreffen, erkennen wir, was die Leute wirklich interessiert.»

Human Touch

Natürlich ist nicht immer, was die Leute «wirklich» interessiert, von öffentlichem Interesse. Braucht die Öffentlichkeit zum Beispiel zu wissen, dass in einer Zürcher Schlafgemeinde nachts bei einem Wohnungsbrand ein kleiner Hund sein Frauchen aufweckt? Dass dieser Hund sein Frauchen damit vor dem sicheren Flammentod rettet und dann unglücklicherweise selbst stirbt? Nein, sie braucht es nicht. Das Ereignis ist jedoch mit einem menschlichen Schicksal verknüpft. Es weist den so genannten *human touch* auf. Diese Geschichte hat das Potenzial, bei Gigi Stössel Betroffenheit auszulösen, sie emotional einzubinden. Sie kann sich mit den Menschen im Fernsehbericht leicht identifizieren. Das Unglück ist in einer ihr vertrauten Umgebung geschehen. Es hätte ja vielleicht auch einem Bekannten oder gar ihr selber passieren können.

Andrerseits ist durchaus von öffentlichem Interesse, wenn zum Beispiel die Onkologie im Zürcher Kinderspital dringend mehr finanzielle Mittel benötigt. Am 1. Dezember 2002 brach TeleZüri wieder einmal sämtliche Programmstrukturen auf. Der Sender berichtete 12 Stunden live aus dem Kispi. Das Reporterteam schaffte Nähe zu den Kindern, Ärzten und dem Pflegepersonal. Es informierte umfassend über die Wichtigkeit der Krebsforschung in der Kindermedizin. Zusätzlich agierte der Sender als engagierter Spendensammler, als *fund raiser*. Die Marathonsendung war ein grosser Erfolg. Die Zuschauerinnen und Zuschauer spendeten innert weniger Stunden über anderthalb Millionen Franken. «Wir sehen uns auch als die Engel von Zürich», sagt Markus Gilli. «Wir unterstützen, helfen im Alltag, stehen in der Tendenz auch auf der Seite der Schwächeren.»

Dass Letzteres auch schon mal die Objektivität in der Berichterstattung zu Ungunsten des Stärkeren beeinträchtigt, stellt Gilli nicht in Abrede. «Wir wollen aber niemanden fertig machen. Fairness ist das höchste Gebot.» Dem Programmleiter ist klar, dass das Zuspitzen, das Fokussieren und Vereinfachen in der zeitlich limitierten Nachrichtenproduktion nicht über alle Zweifel erhaben ist. Der konsequente und enge Fokus auf die Hauptperson in einer Geschichte birgt mitunter die Gefahr der einseitigen, tendenziösen Berichterstattung. Dazu ein Beispiel: Im Zusammenhang mit der fehlerhaften Herztransplantation am Zürcher Universitätsspital im Frühling 2004 berichtete TeleZüri über einen anderen, vergleichbaren Vorfall am benachbarten Waidspital. Dieser hatte einen Patienten das Leben gekostet. Die Story konzentrierte sich in erster Linie auf den Vater des Verstorbenen. Auf dessen Leid, Trauer und Wut gegenüber dem Spital. In der Schicksalsgeschichte kam niemand vom angeprangerten Spital zu Wort. «Die Unterlassung geschah nicht absichtlich, aber journalistisch gesehen war das mangelhaft», räumt Gilli ein. «Jeder Angeschwärzte muss das Recht haben, sich zu den Vorwürfen zu äussern, solange er nicht gegen das Gesetz verstösst.»

Im Vergleich mit den Verstössen gegen ethische und journalistische Grundregeln, die sich andere Schweizer Medien zu Schulden kommen liessen, seien die Übertretungen von TeleZüri harmlos und äusserst selten. In den letzten drei Jahren sei gegen TeleZüri kein einziges Verfahren eröffnet, der Sender nie vom Schweizer Presserat, der Beschwerdeinstanz für medienethische Fragen, gerügt worden, versichert Gilli. «Wir übernehmen täglich eine hohe Verantwortung. Die Publikumsreaktionen auf Fehler zeigen, wie wichtig und genau unsere Zuschauer das Programm bewerten.»

Es sei auffallend, dass in den letzten zwei Jahren die Rückmeldungen von Zuschauern massiv zugenommen hätten. Er alleine erhalte täglich Dutzende E-Mails von Leuten, die sich sehr detailliert zum Programm vom Vorabend äussern. Die meisten positiv, einige wenige auch negativ. Für ihn sei dies tagtäglich der Beweis für die starke gesellschaftliche Verankerung von TeleZüri. «Wir verstehen uns als Forum von Meinungen», sagt Gilli. Und Gigi Stössel redet mit. <

[1] *Die Nachrichtenkultur im Boulevardfernsehen ist ein beliebtes Forschungsthema in der angelsächsischen Kommunikationswissenschaft. Buchtipp: Cottle, S. (Hg.) (2003). News, Public Relations and Power. London: Sage.*

ZüriNews oder Die tägliche Gschichte-Chischte

Montag, 10. Mai 2004, 9.15 Uhr. Programm- und Themensitzung auf der News-Redaktion. Die Nachrichtenlage übers Wochenende war ruhig. Die grosse Geschichte blieb aus. National und lokal beurteilt, versteht sich. Wenigstens hat das Land ein neues glückliches Paar. Es strahlt zum Greifen nah auf der Titelseite des *Blicks*.

**Montag, 10. Mai 2004. 18.11 Uhr. Stube in einem Wohnblock, Zürich-Schwamendingen.
Die Kiste lebt.**

> Auf einem aufgeblasenen Foto küsst Natacha D. ihren Patrick P. Dieser ist am Samstag auf *SF 1* neuer *Benissimo*-Millionär geworden. An und für sich nichts Besonderes. Aber *Benissimo*-Millionäre kannte man bisher nur aus Beni Thurnheers Telefonkonferenzen. Diesmal hat es der *Blick* geschafft, den Telefonmillionär samt Freundin ins Titelbild zu setzen. Gute Boulevardarbeit. Ob die beiden sich heute Abend auch in den ZüriNews küssen?

Nein, der Kuss ist bereits kalter Kaffee. Laut *Blick* will sich das Millionenpärchen mit dem Haufen Geld etwas ganz Besonderes anschaffen. Einen Roll-Grill. Roll-Grill statt Rolls-Royce. *Das* ist die Geschichte, das Aussergewöhnliche. Millionäre kaufen normalerweise keine Roll-Grills. Sie lassen sich Gartencheminées anliefern. VJ Dani Graf soll die Idee in einem Zweiminuten-Beitrag für die heutige Sendung realisieren. Während VJ Graf bereits nach dem vollen Namen und Wohnort des Grill-Millionärs recherchiert, präsentieren Reto Steinmann, News-Produzent, und Sibylle Dubs, Input, die weiteren Themen des Tages. Als gesetzt gilt der Bericht zur Eröffnung des Prozesses gegen den so genannten Öko-Terroristen Marco Camenisch. Die VJs Andi Müller und Tina Biedermann sind bereits vor Ort. Sie sollen, wenn immer möglich, einen «Schuss» vom Angeklagten «heimbringen». Das Vorhaben scheint unrealistisch, da der Angeklagte durch einen geheimen Gang ins Gericht geschleust werde. Aber man wisse ja nie. Statements von Staatsanwalt und Verteidiger hingegen sind Pflicht. Genauso das Aufzeichnen der Geschehnisse ausserhalb des Gerichts. Sympathisanten des Angeklagten haben Solidaritätsaktionen angekündigt. Vor dem Obergericht könnte die Post abgehen.

Das Pendlerblatt *20minuten* schreibt über eine Einbruchserie im Kanton Zürich. Rumänische Kriminaltouristen sollen am Werk sein. «Darüber haben wir auch schon berichtet», weiss Produzent Reto Steinmann. VJ Benjamin Styger, zusammen mit Daniel Brassel und Annette Huber Vertreter der jüngsten VJ-Generation, zeigt reges Interesse an der Rumänen-Story. Styger ist ein Fall für *hard news*. Die weichen Themen, wie kürzlich das Drehen einer Story über ein Oldtimer-Bergrennen, liegen dem FCZ-Fan weniger. Lieber geht er zu den Hell's Angels und filmt in ihrem Club-Lokal. Schon als Zeitungsreporter pflegte er an den 1.-Mai- und WEF-Demos jeweils «Reporter-Weihnachten» zu feiern. VJ Styger bekommt die Geschichte. Mit dem klaren Auftrag, Überfallene und Augenzeugen im Report stattfinden zu lassen.

Sibylle Dubs, zusammen mit Ursula Mezger zuständig für den Input, das Aufarbeiten, Koordinieren und Organisieren von News-Geschichten, tischt zwei weitere Themen auf. Eine Story sei bereits abgedreht. Sie müsse nur noch in den Schnitt. VJ Mario Nottaris stellt in diesem Service-Beitrag zwei Jungunternehmer vor, die mit ihrer Erfindung eine Goldmedaille geholt und weltweite Beachtung erzielt haben. Bodyguards, Türsteher und Stadtpolizisten können aufatmen – das erste stichfeste T-Shirt ist erfunden. Innovation statt Depression. Das ist die Erfolgsgeschichte von zwei Selfmademen, die etwas wagen und gewinnen. Gigi Stössel wird es gefallen.

Das andere Storykonzept ist auch ganz nach dem Geschmack der Zuschauer. Ein Fan der Schweizer Fussball-Nationalmannschaft macht sich auf den Weg an die EM nach Portugal – vier Wochen zu früh, mit dem Velo. «Crazy guy», hört man aus der VJ-Runde. Jung-Reporter Michael Lerch soll die Abfahrt des «verrückten» Typen in einem netten Gschichtli festhalten. Mit allem Drum und Dran. Nachbarn, Freunde, Winke, Winke.

Hunderte von diesen einfachen und nicht selten rührenden Geschichten über Kleine, die plötzlich Grosses vollbringen, sind in den ersten zehn Jahren von TeleZüri in die Fernsehstuben erzählt worden. Heute Abend ist die Reihe an Küchenchef Beat Grundlehner aus Uetikon am See. Man wird ihn morgen auf der Strasse erkennen. Sollte er auf der Fahrt nach Portugal immer noch durch das TeleZüri-Land pedalen. Einer wird ihm vielleicht zurufen: «Hey, du bisch doch dä, wo a d Olympiade trampet!» Grundlehner wird die Ungenauigkeit seines ersten Fans wohlwollend verzeihen. Hauptsache, man kennt ihn. Natürlich werden es nicht die 15 Minuten Berühmtheit sein, die, laut Andy Warhol, jedem Menschen im Leben zustehen. Aber heute Abend wird aus einem einfachen Velohelden ein neuer Lokalheld. *Local hero.* Wenigstens für 2 Minuten 20 Sekunden.

9.45 Uhr: Ideen und Stoff für fünf Geschichten. Der Themen-Mix stimmt. Die Ausbeute ist noch zu mager. Weitere Vorschläge müssen her. News-Produzent, Inputer und die anwesenden VJs diskutieren die nationale und internationale Nachrichtenlage. Am kommenden Sonntag ist Abstimmung: AHV-Revision, Steuerpaket. Irgendetwas dazu aus Bundesbern? Vielleicht müsste man kurz mit David Baumann reden. Baumann ist TeleZüris Mann in Bern. Ein Bundeshausjournalist mit kleinstem Büro, aber mit grösster

Effizienz. Das Interesse an der AHV-Revision hält sich heute Morgen in Grenzen. Die Vorlage sei doch schon im TalkTäglich eingehend diskutiert worden, wird fast schon erleichtert festgestellt. Was bietet das Ausland? Folter im Irak. Was wäre hier der geeignete Schweiz-Bezug? Christine Schnyder zeigt sich interessiert. Sicherheits- und Strategieexperte Albert Stahel muss her. Damit ist ein erster Zürich-Bezug gefunden. Und sonst? Gähnende Leere. Produzent Steinmann weist darauf hin, dass weitere Auslandsthemen womöglich in der Mittagssitzung zur Sprache kommen. Der Desker (Redaktor oder Redaktorin am Nachrichtenpult) wird dann das Bildmaterial, das via Satellit angeboten wird, geprüft haben.

Eine weitere Idee kommt auf den Tisch: «Warum machen wir nicht einmal einen Vergleichstest mit Selbstbräunungscremen?» Schallendes Gelächter. Niemand will diesen Vorschlag so richtig ernst nehmen. Aber die meisten kennen jemanden, der nach der Anwendung von Selbstbräunungscremen sein gelbes Wunder erlebt hat. Eine *Kassensturz*-Geschichte über Selbstbräunungs-Mitteli? Ausgerechnet heute, wo das Thermometer gerade mal 15 Grad anzeigt? Wohl kaum das Ereignis des Tages, befindet die Runde.

«Es gibt keine ereignislosen Tage, nur ideenlose Journalisten.» Der das sagt, sitzt heute nicht im Sitzungszimmer an der Zürcher Heinrichstrasse 267. Nicht mehr. Roger Schawinskis Zitat stammt aus dem Jahr 1994. Es war die Zeit, als der Kritikerchor der Zürcher Journaille schnödete, TeleZüri würden bald die Themen ausgehen. Sie gingen nie aus. Nie fiel eine News-Sendung aus. Natürlich war und ist es nicht immer «de Plausch» (hier würden alle bisherigen rund 100 TeleZüri-VJs beipflichten), überraschende und packende Ideen für Geschichten zu entwickeln. Und diese dann erst noch innert kürzester Zeit in die Fernsehrealität umzusetzen. Trotzdem: ohne Idee keine Geschichte. Das ist die Devise. Meistens wird sie auch eingehalten. Manchmal kommt sie auf Abwege, wie eine Rückblende in das Jahr 1996 illustriert.

Das Nicht-Ereignis oder Mit Schröder im Pedalo

---

10. Juni 1996. Gerhard Schröder, Ministerpräsident von Niedersachsen, kommt für ein Referat nach Zürich. Auf der TeleZüri-Redaktion kümmert das keinen. Ausser einen: VJ Matthias Ackeret. Der hat Schröder einmal kurz kennen gelernt. An einer *Wetten, dass...*-Sendung wars, im Herbst 1995 in Hannover. Ackeret hatte den Auftrag, mit seiner VJ-Kamera den grössten Auftritt des Hobby-Trompeters und Fussball-Nati-Fan Sigi Michel (Trompeten-Sigi) zu begleiten. Trompeten-Sigi wurde tatsächlich Wettkönig. Alle waren sie begeistert von der furiosen Fanfare («Attacke!») des beherzten Bläsers. Das Saalpublikum, Thomas Gottschalk und Gerhard Schröder feierten den kleinen Schweizer. VJ Ackeret bannte von allen Grössen des Abends ein Statement zu Sigis fulminantem Auftritt auf sein Videoband. Ausser von einem: Michael Jackson. Der Unnahbare war nicht bereit, sein obligates «I love you all» – oder noch besser «I love Sigi» – in Ackerets Hi-8-Kamera zu flüstern. Das Schicksal wollte es, dass der Popgott in Weiss auf der Flucht nach dem Soundcheck zufälligerweise mit einem Irdischen zusammenstiess. So kam Matthias Ackeret einmal mehr in Berührung mit einem ganz Grossen dieser Welt, ja fast schon mit einem Ausserirdischen.

Dass auch Schröder bald zu den ganz Grossen zählen wird, will an diesem heissen Nachmittag im Sommer 1996 auf der TeleZüri-Redaktion keiner so recht glauben. Wenn Ackeret sich etwas Besonderes einfallen lasse, dann schaffe es dieser Schröder vielleicht in die Sendung, meint Produzent Gregor Sonderegger. Ackeret könne ja mit Schröder auf dem Zürichsee Bootfahren gehen. Das anhaltend schöne Juniwetter ist *das* Thema des Tages. Da hat das Referat eines deutschen Politikers im Hotel Nova Park nicht die geringste Chance auf Sendezeit. Schröder ist sozusagen ein Nicht-Ereignis. Es sei denn, der Mann liesse sich in eine Schönwetter-Story einbinden. Möglichst originell. Am besten gleich von Matthias Ackeret. Der gilt auf der Redaktion als Meister der schrägen Inszenierung. Den Standard setzt er gleich bei sich selbst – mit der täglichen Selbstinszenierung. Seine leicht schräge Körperhaltung im Stand-up fällt auf. Auf jeden Fall hat sie Kult-Potenzial.

Minister Schröder sitzt inzwischen gemütlich in der Lobby des Nova Park. Er verspürt wenig Lust auf ein Interview im Lokalfernsehen. Aber ein Ackeret lässt sich nicht so leicht abwimmeln. Schliesslich hat er schon Bundeskanzler Kohl auf dem Rollfeld des Zürcher Flughafens in ein spontanes Kürzest-Interview verwickelt. Trotz massivster Sicherheitsvorkehrungen. Damals, im Dezember 1994, machte er sich selbst und seinen Nachfolgern eindrücklich vor, wie man Weltpolitik am schnellsten einzürchert. Kohl war kaum aus dem Flugzeug gestiegen, hatte er schon Ackerets Kamera vor dem Gesicht. «Herr Bundeskanzler, wie gefällt Ihnen Zürich?», verblüffte der VJ-Novize den mächtigen Mann. «Ich sehe ja nur Sie», folgte prompt des Kanzlers Antwort. Und schon war dieser mit den Bodyguards im dichten Nebel verschwunden.

Warum soll es heute nicht auch mit dem Ministerpräsidenten von Niedersachsen klappen, denkt sich VJ Ackeret. Ist es die ausgefallene Idee einer Pedalofahrt? Oder die charmant-schrullige Aufsässigkeit dieses Reporters? Gerhard Schröder lässt sich tatsächlich auf Abwege leiten. Der erste führt gleich zur Redaktion von TeleZüri. Der VJ macht sich hastig auf die Suche nach Kamera und Mikrofon. Der Minister schlendert gelangweilt durch die Redaktionsräume. Er bleibt von den meisten unerkannt und unbeachtet. Der Traum jedes deutschen Spitzenpolitikers wird wahr. Würde jetzt statt Schröder Trompeten-Sigi durch die Redaktion marschieren, es gäbe ein heiteres Hallo und Sigis «Attacke!» obendrauf. Nur Reto Brennwald soll von den anwesenden VJs Schröder erkannt haben, erinnert sich Ackeret. Brennwald ist heute Moderator der *SF-DRS*-Politsendung *Rundschau*. Zu Recht.

Die Interview-Aufnahme im Pedalo erweist sich als tückisch. Das Mikrofon will nicht recht. Schröder will aber schon. Ackeret ist am Rande des Nervenzusammenbruchs. «Ich habe das Interview wahrscheinlich zehn Mal gemacht», sagt der Co-Chefredaktor des Medienmagazins *Persönlich* heute. Auf jeden Fall scheint der Spitzenpolitiker an der Übung auf dem Zürichsee Gefallen zu finden. Die Einzürcherung Schröders klappt wie in Schawinskis VJ-Bilderbuch. Zürich sei genau, was er liebe, schmeichelt Schröder. «Eine Mischung aus weltstädtischem Flair und Bodenständigkeit.» Ackerets VJ-Herz hüpft: «Das ist Wahnsinn. Ich und Schröder. Nur wir zwei auf dem Pedalo. Und der amüsiert sich sogar. Wahnsinn», triumphiert seine innere Stimme. Der Minister wird jetzt sogar richtig übermütig, vergleicht die Pedalo-Jungfernfahrt mit der Schweizer Politik. «Dies ist ein typisches Schweizer Boot», scherzt er, «man müht sich, aber kommt nicht richtig vom Fleck.»

Eine halbe Stunde später kommt auch die deutsche Politik nicht richtig vom Fleck. Schröder steckt im Stau. Der Minister und der VJ sitzen fest. Zürcher Verkehrsgeschnetzeltes in der Ämtlerstrasse, Downtown Switzerland. Schröder schwitzt. Er findet die Pedalofahrt im Nachhinein gar nicht mehr lustig, will aussteigen. Ackeret redet Schröder gut zu.

Mit einem verbalen Seiltanz zwischen Entschuldigung und Bewunderung versucht er den sauer gewordenen Minister in seinem grauen Seat Ibiza zu besänftigen, ihn einzusperren. «Hätte ich jetzt nur Zentralverriegelung», schiesst es ihm durch das Hirn. Endlich: Hotel Nova Park. Schröder bleiben noch zehn Minuten bis zum Referat, Ackeret noch eine Stunde bis zur Sendung. Beide schaffen es. Als Ackerets Pedalo-Geschichte mit Schröder kurz nach sieben Uhr über den Sender läuft, lacht die Redaktion Tränen. Dieser Beitrag müsse irgendwann ins VJ-Museum, lautet der Tenor.

Ein VJ-Museum gibt es bis heute nicht. Aber die schräge Pedalofahrt ist in Erinnerung geblieben. «Schröder erzählt immer noch, dass dies sein verrücktestes Interview gewesen sei», schmunzelt Ackeret. Das habe ihm der Guru (Roger Schawinski) versichert. Der *Sat1*-Chef habe während seines ersten Treffens mit Bundeskanzler Schröder die Pedalo-Geschichte kurz erwähnt. Unerwähnt blieb hingegen Schröders Aussage, dass, wenn er eine schöne Frau sähe, er diese gleich heiraten wolle. Schröder soll diese Bemerkung fallen gelassen haben, als das Pedalo Kurs auf die Badi Utoquai nahm. Ackerets Kamera hatte in diesem Moment dummerweise gerade ein Mikrofonproblem.

Das Unerwartete oder Kamel überholt Giraffe

Inszenierungen mit «hohen Tieren» ziehen gut. Die Geschichten mit kleinen noch besser. Das Geburtenregister der Tierbabys, die durch TeleZüri das Licht der Fernsehwelt erblickt haben, ist endlos. Wegweisend für die Televisionierung der Zürcher Tierjugend war Nik Niethammer. Zuerst als VJ, später als Programmleiter. Nik, der inzwischen seinem journalistischen Alpha-Tier Roger nach Berlin gefolgt ist, war massgeblich daran beteiligt, dass Zürichs Elefanten in den Status von Telefanten gehoben wurden. Und das begann schon kurz nach dem Sendestart:

November 1994. Upali kommt auf die Welt. Dank Niethammers Geburtshilfe im Hi-8-Format rüsselt sich der kleine Dickhäuter auf Anhieb in die Herzen der TeleZüri-Zuschauer. Kaum ein Tag vergeht ohne eine News-Geschichte zum Schicksal des prominenten Riesenbabys im Zürcher Zoo. Upali wird von seiner Mutter beim Säugen gestört. Upali trinkt nicht. Upali magert ab. Upali trinkt jetzt aus dem Fläschchen. Der Sender wird zeitweise geradezu upalisiert, der Tanz um das Elefantenkalb intern kritisiert. Die Einschaltquoten geben den Tierfreunden auf der Redaktion jedoch Recht. Die Elefanten-Storys laufen tierisch gut.

Upali ist längst nicht mehr in Zürich. Geblieben sind seine Fans, seine eigene Website (www.upali.ch) und TeleZüris Vorliebe für Tierisches. Eine Zeit lang hatte der Sender sogar seine eigene Tiersendung. «Hund und Chatz» mit Tierexpertin Susy Utzinger. «Jeder Produzent hofft, dass er in seiner Sendung eine Tiergeburt oder die ersten Schritte des Neugeborenen präsentieren kann», weiss Sibylle Dubs. Sie plant im Input bereits die nächste Tierbaby-Premiere. Auf heute, den 10. Mai 2004, erwartet der Kinderzoo Rapperswil die Geburt eines Giraffenbabys. Tatsächlich, es gibt freudige Nachrichten vom Oberen Zürichsee. Der Direktor des Kinderzoos, Benjamin Sinniger, meldet die glückliche Geburt. Der Kleine ist allerdings keine Giraffe, sondern ein Kamel. Was solls, ob Giraffe oder Kamel, der Kinderzoo-Nachwuchs erhält auf TeleZüri wie geplant seine 15 Sekunden Sendezeit.

Null Sendezeit erhält der *Benissimo*-Millionär. «Dem ist die Lust auf Medienpräsenz vergangen», berichtet VJ Dani Graf. Das Aargauer Lokalradio *Radio Argovia* habe ihn mehrmals mit vollem Namen via Äther aufgesucht. Das muss für den *Blick*-Titelhelden wohl zu viel des Guten gewesen sein. So wird sich Patrick P. seinen Roll-Grill unter Ausschluss der Öffentlichkeit besorgen und schon bald mit seiner Geschichte im Altpapier und damit im schwarzen Loch des medialen Vergessens verschwinden.

Dafür klappt die Story mit dem Fussballfan. Claude Winet, der im März 2004 Markus Mager als stellvertretenden Programmleiter abgelöst hat, lobt in seiner Sendekritik den Fokus auf Details. Der Bericht erzählt, dass der Rekordradler nicht etwa mit einem Hightech-Bike, sondern auf einem Schnäppchen aus dem Brockenhaus unterwegs ist. Und, nicht ganz uninteressant: Für die EM-Spiele der Schweizer Nati in Portugal hat der Fan kein einziges Ticket im Sack. Dieses Problem dürfte schnell gelöst sein. Kaum ist der Beitrag über den Sender, rufen auch schon Zuschauer an und erkundigen sich nach der Handy-Nummer des Velohelden. Sie wollen den neuen Pédaleur de charme sponsern, ihm die EM-Tickets beschaffen.

Bildlich habe die Geschichte noch einige Defizite, steht in der Sendekritik. Man sehe den Radler zu wenig auf seinem Drahtesel. «Durch tolle Kameraeinstellungen hätten wir den Beitrag etwas aufpeppen können», kritisiert Winet. Michael Lerch, der vor zwei Monaten vom Nachrichten-Desk zur VJ-Crew gewechselt hat, akzeptiert die Kritik. Es stimme schon, dass mehr Bilder des trampenden Fussballfans der Geschichte gut getan hätten. «Das ist mir beim Realisieren des Berichts nicht eingefallen», meint er. Es sei manchmal so, dass einem ein toller Gedanke erst in den Sinn komme, wenn der Beitrag über die Mattscheibe flimmere.

Der VJ oder
Der andere *embedded reporter*

Michael Lerchs Aussage wirft eine Frage auf, die seit den Anfängen des professionellen Videojournalismus immer wieder diskutiert wird: Vermag ein Einzelner journalistisch und technisch genauso kompetent zu berichten wie ein Zwei- oder Dreipersonenteam? Führt die Multi-Funktionalität – recherchieren, filmen, texten, vertonen – letztlich nicht zur Dis-Funktionalität, zur Überforderung? Oder sind VJs einfach Alleskönner?

Einer, der diese Frage kompetent beantworten kann, ist Daniel Pünter. Der heutige *Rundschau*-Reporter und Ausbilder beim Schweizer Fernsehen realisierte für TeleZüri und Tele24 jahrelang profilierte News- und Lifestyleberichte. Er und insbesondere seine Mitstreiter Marc Giriet und später auch Patrick Schellenberg (beide heute auch bei SF DRS) und Input-Frau Sibylle Dubs bewiesen mit dem wöchentlichen Tele-24-Magazin «24 Minuten», zu welch grosser Reportagekunst gezielt eingesetzter Videojournalismus fähig ist. Theoretisch könne ein einzelner VJ alles machen, ist Pünter nach wie vor überzeugt. Praktisch hätten VJ-Beiträge einen klar subjektiveren Ansatz als die von mehrköpfigen Teams produzierten Storys. «Im optimalen Fall lebt der VJ in der Geschichte, die er erzählt», erklärt Pünter. «Einer allein kann natürlich klarer fokussieren als zwei oder drei mit unterschiedlichen Sichtweisen.» Michael Perricone, früher VJ, Produzent und Ausgabeleiter bei TeleZüri/Tele 24 und heute Reporter bei *10vor10*, doppelt nach: «Ein guter VJ ist Fotograf, Erzähler und Journalist in einem.» Wenn er durch den Sucher der Kamera schaue, sehe er bereits die Geschichte. Er denke in Bildern, sei mitten in der Bildwelt drin.

Hier stellt sich die Frage, ob dieses Mittendrinsein, diese totale Subjektivität nicht gleichzeitig die Objektivität ausschliesst. Die Gefahr bestehe schon, räumt Daniel Pünter ein. Letztlich sei es aber eine Frage des Nachrichtenkonzepts.

Wer die Nähe und das Persönliche fokussiere, werde zwingend subjektiv. «Videojournalismus ist Erlebnisjournalismus», pointiert *SF-1*-Reporter Michael Perricone. Mit anderen Worten und noch ein bisschen zugespitzt: Was den Kriegsberichterstattern im Irak-Krieg recht war, ist TeleZüri schon seit 10 Jahren billig. Der VJ ist der wahre *embedded reporter*.

Das multi-funktionale VJ-Konzept hat auch seine Schwächen. Sie äussern sich vor allem unter Zeitdruck. Die häufigsten Defizite ortet VJ-Pionier Daniel Pünter in der Bild- und Tonsprache. Die technische Umsetzung von Bild, Tiefenschärfe und Blendenkorrektur sei oft mangelhaft, bemerkt Perricone. Hingegen würden nicht selten formale Mängel durch das Fokussieren auf Überraschendes, Nichtalltägliches, Persönliches, Witziges und Schräges wieder kompensiert, relativiert Pünter. Auch als *Rundschau*-Reporter habe er öfter das Gefühl, dass der Einsatz einer VJ-Kamera bei den Interviewten und Gefilmten ein Gefühl von Vertrauen auslöse.

Genau von diesem Gefühl leben die Berichte und Reportagen der VJs von TeleZüri. Die anzusprechenden Leute fühlen sich von einem einzelnen Reporter mit kleiner Kamera nicht so schnell bedrängt wie von einem dreiköpfigen Reporterteam. Die angenehme Folge davon: Die Leute vertrauen eher, reden offener. Sie tun Dinge, die sie von einem Kamerateam begleitet vielleicht nie tun würden. So lassen sich deutsche Spitzenpolitiker, wie in diesem Kapitel am Beispiel Ackeret und Schröder illustriert, schon einmal zu einer abenteuerlichen Pedalofahrt überreden. Oder MusicStars rasieren sich vor laufender Kamera ihren Kopf kahl, wie das nächste Beispiel zeigt:

Mittwoch, 12. Mai 2004. Als sich der Sänger Piero Esteriore nach seinem Null-Punkte-Flop als Schweizer Vertreter am *European Song Contest* in Istanbul den Medien zur Verfügung stellt, gibt er dem Reporter des Schweizer Fernsehens in der Hotel-Lobby ein braves Interview. Ganz anders tritt der gefallene MusicStar-Finalist im entsprechenden Bericht von TeleZüri auf. Da wird Piero nicht einfach interviewt, sondern von VJ Igor Zilincan in sein Hotelzimmer begleitet. Der Zuschauer beobachtet, wie der singende Coiffeur die Niederlage auf seine ganz persönliche Art wegsteckt. Plötzlich fängt der an, sich seinen Kopf zu rasieren, und spült die gelierte Haarpracht – im schönsten TeleZüri-Close-up – das Klo hinunter. Altmeister Michael Rosenblum hätte beim Anblick dieses Bildes einen Luftsprung getan. *What a most compelling shot!* Das Scheitern des Sängers wird auf TeleZüri zur symbolischen Geschichte. Es ist die Geschichte von Piero, dem hochgejubelten Schweizer MusicStar, der in der Europafrage Haare lassen musste.

Nicht immer schafft Nähe Vertrauen. Als Peter Röthlisberger, VJ der Gründungsgeneration, die Magie des virtuosen Klavierspiels der Jazz-Ikone Herbie Hancock auf sein Hi-8-Band aufzeichnen wollte, unterbrach der Maestro plötzlich das Rezital. Sollte sich dieser Typ mit der Kamera nicht nullkommaplötzlich vom Bühnenrand entfernen, würde er das Konzert sofort abbrechen, drohte ein sichtlich aufgeregter Hancock. Und schon knallte der Genervte den Deckel des Steinway-Flügels zu. Durch das ehrenwerte Opernhaus-Publikum ging ein despektierliches Raunen, das in einem schrillen Pfeifkonzert gipfelte. *The audience was not amused.* Um ein Haar wäre der *most compelling shot* für einmal nach hinten losgegangen.

Immerhin wurde VJ Röthlisberger von Pianist Hancock ernst genommen. Am Anfang seien sie mit den kleinen Kameras oft belächelt worden, erinnern sich die VJs der ersten Stunde. Auch die gestandenen Kollegen vom Schweizer Fernsehen hatten bestenfalls ein müdes Lächeln für Schawinskis VJ-Guerillatruppe übrig. Heute lacht am Leutschenbach keiner mehr. Im Gegenteil: *SF DRS* kauft immer wieder mal Bildmaterial von TeleZüri-VJs ein. Als an der Fussball-Europameisterschaft in Portugal die Schweizer Nationalmannschaft kurzfristig den nationalen Sender boykottierte, liefen in *10vor10* Bilder und Interview-Passagen made by TeleZüri. Der Service public blieb gewährleistet – dank den beiden TeleZüri-VJs Philippe Schmuki und Melchior Bruder.

Die Zeiten, als VJs mit ihrem Rucksack nicht selten Mitleid erzeugten, sind längst vorbei. Obwohl – ein allfälliger Mitleid-Bonus könne taktisch sogar in einen Vorteil umgesetzt werden, verrät VJ Styger. Er setze den Mitleid-Bonus hie und da als Strategie, als Mittel zum Zweck ein. «Dann mache ich auf armer Siech», so Styger. Er erzähle den Leuten, die er unbedingt vor der Kamera haben wolle, von seinem extremen Zeitdruck, vom Zwang zur guten Story. Vom kleinen Fernsehen, das hart arbeiten müsse und keine Konzessionsgebühren bekäme wie die grosse SRG. Das bewusst eingesetzte Understatement wirke vor allem ausserhalb des Tele-Züri-Sendegebiets. Je ländlicher die Leute, desto misstrauischer, aber auch hilfsbereiter seien sie. Im Appenzellischen verlaufe ein erster Kontakt etwa so: Der zu Interviewende misstrauisch: «Sind Sie vom Fernsehen?» Die Antwort des VJ: «Nein, ich bin von TeleZüri.» «Aha, ja dann ist gut.»

Manchmal erkundigen sich Interviewte, wann das (gefilmte) Gespräch denn in der Zeitung erscheine. Einige halten VJs für Radioreporter. Andere zweifeln am Berufsbild. Sie würden hie und da gefragt, was sie denn «Richtiges» arbeiteten, schmunzeln Pascal Billeter und Melchior Bruder. «Manche glauben sogar, dass wir pro Beitrag bezahlt werden», bemerkt Mario Nottaris. «Die zeigen sich dann besonders hilfsbereit, weil sie denken, dass ein guter Bericht mehr Geld einbringt.» Schön wärs.

Die Geschichte über das erste schnittfeste T-Shirt, die an diesem 10. Mai 2004 über den Sender geht, beschert VJ Nottaris keinen finanziellen Zustupf. Aber immerhin einen grossen Blumenstrauss. Der Produzent der prämierten Textilien zeigt sich vom Beitrag derart begeistert, dass er der Redaktion unbedingt ein Geschenk überreichen will. Wer ein Kompliment oder Dankeschön durch die Blume sagt, der wird von TeleZüri in der Regel nicht mit vollen Händen vor die Tür gestellt. Geld wird allerdings keines akzeptiert. Checkbuch-Journalismus gibt es nicht und ist absolut verpönt. Die meisten Leute würden sich einfach mit einem Dankeschön erkenntlich zeigen, meint Sibylle Dubs. «Wir kriegen laufend Anrufe, Briefe und E-Mails von Personen, die durch unsere Berichterstattung erfreut, berührt oder gar unterstützt worden sind.»

Gatekeeping oder Der Hürdenlauf ins Programm

Stapelweise Briefe, E-Mails und Telefonanrufe im Fünfminutentakt bekommt der Input täglich von Personen und Firmen, die mit einer Idee, einem geplanten Ereignis oder mit einem neuen Produkt auf den Sender wollen. Alle glauben sie, ihr Anliegen, ihr Produkt, ihr Konzert sei das Interessanteste, das Beste, das Wichtigste. Kurz, das müsse Zürich doch wissen. Und darum müsse TeleZüri darüber berichten. Wenige schaffen es, das *gatekeeping*, das Tor zur redaktionellen Prüfung, und folglich die Hürden zur Aufnahme in die Sendung zu passieren. Es gilt, wie immer, das Gigi-Stössel-Prinzip: Erfolg auf Berichterstattung hat, wer oder was die Kriterien Aktualität, grosse Identifikation (gesellschaftliche und geografische) und Besonderheit erfüllen kann.

Die Anfragen für eine Berichterstattung reichen vom einfachen Kinder-Adventsingen in einem Seebacher Quartier bis zur professionell vermarkteten Vernissage mit exklusiven Fotos von Tiefseetauchern. Oder eben bis zur Promotion eines stechsicheren T-Shirts. Dieser ist es offensichtlich gelungen, aus der täglichen PR-Flut hervorzustechen, die Prüfung des Input zu bestehen. Warum? «Es ist zuallererst die aussergewöhnliche Idee, mit der die Produzenten immerhin einen Erfinderpreis gewannen», sagt Sibylle Dubs. Dann handle es sich bei den Produzenten um Newcomer, nicht um einen Grosskonzern mit der kommerziellen Power eines Millionen-Marketingbudgets. Was nicht heissen soll, dass ein Grosskonzern mit einer wirkungsvollen Innovation keine Chance auf Berichterstattung hätte. In diesem Fall jedoch präsentiere sich ein kleiner Familienbetrieb. Statt ABB oder UBS ein KMU. Die Idee hat noch einen weiteren, entscheidenden Vorteil, der ihr zur Aufnahme ins Programm verholfen hat: Das Produkt und seine Vorzüge lassen sich bildlich sehr gut umsetzen. VJ Nottaris bringt die Kernaussage der Geschichte denn auch gleich beim Einstieg in den Bericht auf den Punkt. Der Messer-Test zeigt: Das T-Shirt hält, was es verspricht. Es ist absolut schnittsicher.

Die Taten einer mutmasslichen rumänischen Einbrecherbande sind da schon schwieriger ins Bild zu setzen. VJ Styger konzentriert sich bei der Produktion seines Reports wie vom Produzenten gefordert erst einmal auf die Opfer. Die sind schnell gefunden. Einer der Namen steht ja bereits in der Pendlerzeitung *20minuten*. Der Bericht beginnt mit einem szenischen Einstieg, mit einer so genannten nachgestellten Szene. Das Einbruchopfer Brigitte Glattfelder liegt auf ihrem Sofa. Sie schaut im Fernsehen den SonnTalk. So sei es gewesen, gestern Abend, als die Bande in ihrem Haus zuschlug. Styger textet: «Manchmal läuft der Krimi nicht im Fernsehen, sondern im eigenen Haus ...» Sendekritiker Claude Winet bewertet tags darauf die Umsetzung des Ereignisses als gelungen: «Erstens präsentieren wir Einbruchopfer. Zweitens zeigt uns der Polizeisprecher Fotos des Waldlagers der Einbrecherbande. Und drittens lohnt sich die Einspielung von Archivaufnahmen früherer Waldlager.» Fraglich bleibt, ob diese Lager derselben Bande angehörten. Was im Bericht aber auch nicht behauptet wird. Die Szene, in der VJ Styger ein weiteres Einbruchopfer durch das Küchenfenster interviewt, wird in der Kritik besonders erwähnt. So ein Bild schafft Nähe. Der VJ als Nachbar, dein Freund und Helfer.

Nachbarn, Bekannte, Unbekannte – das Telefon läuft heiss bei Einbruchopfer Brigitte Glattfelder, kaum ist Stygers Bericht auf TeleZüri zum ersten Mal ausgestrahlt. «Ich bekam nur positive Reaktionen», sagt sie drei Wochen später. «Zwei Firmen wollten mir sogar eine Alarmanlage verkaufen.»

**Bibelfest oder
Das Unmögliche möglich machen**

Das Bild hat immer Vorrang. Rosenblumsche VJ-Regel Nummer eins. Aber nicht immer kommt der VJ auf Anhieb zum zwingenden Bild, zum *most compelling shot*. Manchmal braucht es viele Worte. Worte der Überzeugung. In einem Fall mussten sogar Phrasen aus der Bibel aushelfen. Es war am 31. Mai 2000:

9 Uhr morgens, Redaktionssitzung bei TeleZüri/Tele 24. Der *Blick* titelt gross: «Priester gefeuert – weil er Vater wurde». Allen ist klar: Diese Geschichte muss auf den Sender. Aber kein VJ will die Story drehen. Der Grund: Der *Blick* zitiert das Berner Pfarrblatt. Was so viel heisst wie, dass der *Blick* den katholischen Pfarrer Hans Erni nicht selber interviewen konnte. «Wie soll man jemanden vor die Linse kriegen, der nicht einmal am Telefon mit dem *Blick* spricht?», fragt sich die Runde. Dem Tagesverantwortlichen Urs Leuthard (heute Moderator der *Arena* auf *SF 1*) will diese Grundhaltung gar nicht gefallen. Er richtet sich an VJ Silvia Graber: «Silvia, du fährst nach Biel und machst diese Geschichte. Du hast den Ruf, alle zum Reden zu bringen. Jetzt kannst du es beweisen.»

Keine zehn Minuten später sind Silvia Graber und Christine Schnyder in einem der blauen Redaktions-Hondas unterwegs nach Biel. Mit dem Handy rufen sie im Pfarrhaus an. Hans Erni nimmt ab. Legt gleich wieder auf. In Biel angekommen, schleichen sich die zwei Frauen trotz deutlicher Absage ans Pfarrhaus ran. Der katholische Priester und Vater eines neunmonatigen Sohnes weilt auf dem Balkon. Als er die zwei Reporterinnen erblickt, flüchtet er sofort ins Haus. Keine Chance, ihn in ein Gespräch zu verwickeln. Alles Fluchen der Silvia Graber nützt nichts. Als gute Katholikinnen – die eine aus dem Wallis, die andere aus Luzern – erinnern sich die VJs an die Bibel. Sie hämmern mit den Fäusten an die Pfarrhaustür und rufen lautstark: «Klopft an und euch wird aufgetan! Bittet und ihr werdet erhört werden!» Sie skandieren die Bibelzitate immer wieder, immer lauter.

Und siehe da, es öffnet sich die Tür. Wenigstens einen Spalt weit. Erni sagt: «Es ist gut. Wir treffen uns um zwei Uhr bei der Kirche zu einem kurzen Gespräch. Aber ohne Kamera.» Das Treffen findet tatsächlich statt. Hans Erni schildert den beiden Frauen seine verzwickte Situation. Dass der Heilige Vater unter seinen Priestern keinen unheiligen Vater dulde. Der Zölibatbrecher redet sich die Seele vom Leib. Nach einer guten Stunde setzt Silvia Graber im warmherzigsten Walliserdeutsch zur alles entscheidenden Frage an: «Würdet Ihr, Herr Pfarrer, uns allenfalls doch noch ein Interview vor der Kamera geben?» Hans Erni antwortet mit einem knappen Ja. Graber und Schnyder sind perplex. Es passieren noch Wunder in der gottverlassenen Fernsehwelt. Sie vergessen beinahe, die Kamera aus dem Honda zu holen.

18 Uhr – SwissNews auf Tele 24 und TeleZüri. Der Beitrag läuft. Pfarrer Hans Erni erzählt seine Vater-Geschichte zum allerersten Mal im Fernsehen. Der Bibelfestigkeit zweier VJs sei Dank. Gut möglich, dass die heutige *10vor10*-Reporterin Graber diese Bibelfestigkeit immer ein wenig ausstrahlt. Obwohl sie Bibelstellen beruflich bisher nur einmal zitieren musste. Auch gut möglich, dass das Biblische sie rettete, als ihr genau das passierte, wovor sich ein jeder VJ fürchtet: zu spät vor Ort, das Ereignis verpasst. Es war am 2. Februar 2000:

Locarno Monti. Hannes Schmidhauser, der ehemalige Schweizer Fussballstar und Kinoheld («Ueli der Knecht») wird zu Grabe getragen. Als Silvia Graber eintrifft, ist die Zeremonie bereits gelaufen. Sie ärgert sich blau. Vor allem über ihre Kollegen in Zürich: «Die haben mich einfach zu spät ins Tessin geschickt.» Dabei habe man vom Termin der Beerdigung schon seit drei Tagen gewusst. Was tun? Glücklicherweise ist die Trauergemeinde noch vor Ort. Schmidhausers Lebensgefährtin Madeleine Bellorini ist es nicht recht. Jetzt sei die arme Reporterin extra von Zürich hierher gekommen. Man könne doch einen Teil der Beerdigung fürs Fernsehen noch einmal stattfinden lassen. Die Trauergäste finden die Idee ganz lustig. VJ Graber stockt der Atem. «Um Himmels willen», hadert sie, «eine Beerdigung inszenieren? Da kann ich ja gleich meinen journalistischen Ruf mit beerdigen.»

Gleichzeitig schiesst es ihr durch den Kopf, dass bei der Berichterstattung von Unfällen, Überfällen, Einbrüchen auch häufig nachgestellt, also inszeniert, wird. Und die Beerdigung hat ja tatsächlich stattgefunden. Sie, Graberova, ist doch da, wo es passiert. Tele 24, da wo es passiert. Aber eben, wie sagte VJ-Guru Rosenblum? Wenn es nicht auf dem Band ist, dann ist es nicht passiert. Punkt. In diesem Moment kommt VJ Graber die gestrige Standpauke von Programmleiter Gilli in den Sinn. Jetzt müsse man endlich mal «Gas geben», auch das Unmögliche möglich machen, hiess es. Mit mulmigem Gewissen und einigem Skrupel lässt sich die Katholikin für das entscheidende Bild in den Pakt ein. Und sie wäre nicht die Graberova, hätte sie den Pfarrer nicht auch gleich zum Replay überredet. Der läutet devot die Kirchenglocke, während einige Trauergäste vor Grabers Linse noch einmal andächtig in die Kirche hineinprozessieren. Die Herrschaften schaffen es in einem Durchgang, wie echt, perfekt. Gut, sie sind ja auch Schauspieler. Walo Lüönd zieht gekonnt zum zweiten Mal seinen Hut.

Nachdem sie den Bericht fertig gestellt und nach Zürich übermittelt habe, sei sie von Schmidhausers Witwe sogar zum Essen eingeladen worden, erinnert sich Silvia Graber heute. Ein verrückter Tag sei das gewesen. Irgendwie habe sie es geschafft, die Witwe noch zu einem Interview zu bewegen. Dieses war dann nicht gestellt, sondern live, kurz nach 18 Uhr, via Satellit, im Duplex mit dem Anchor der SwissNews und Autor dieses Buchs.

Das Rating oder Der Mix machts aus

Eine Story mit solch einem hohen Betroffenheitsgrad, mit dem *human touch*, gemixt mit einer Prise Prominenz (Walo Lüönd), hätte der Sendung vom 10. Mai 2004 auch «gut» getan. Das Rating (die Anzahl Zuschauer, die die ZüriNews von Anfang bis Schluss gesehen haben) ist mit 219 000 durchschnittlich. «Nein, schon eher tief», enerviert sich Programmleiter Markus Gilli. Der Monatsschnitt des ZüriNews-Rating liege zurzeit bei über 250 000 Zuschauern. Warum haben nicht wie so oft 300 000 Zuschauer die ZüriNews gesehen?

Gilli bemerkt, dass TeleZüri mit der Geschichte zum Folterskandal im Irak in direkter Konkurrenz zu den nationalen und internationalen Nachrichtensendungen stehe. Was aber nicht heissen will, dass internationale Themen auf TeleZüri nur wenig Akzeptanz finden. Das TalkTäglich mit dem Irak-Korrespondenten Ulrich Tilgner zwei Wochen später erzielt ein Rating von 180 000, gut 50 000 Zuschauer mehr als der neue Mister Schweiz Sven Melig. Der Irak kann es also nicht gewesen sein.

«Natürlich müssen wir auch das Wetter berücksichtigen», wägt Gilli ab. Bei schönem Wetter und steigenden Temperaturen leide die erste Stunde, des Senders *Primetime*, von 18 bis 19 Uhr. Er beugt sich noch tiefer über die ihm vorliegende Grafik und stellt fest – fast schon erleichtert –, dass die Kurve erst ab 19 Uhr merklich steigt. Wusste ers doch. Allerdings wäre es zu billig, die «Schuld» am tieferen Rating nur dem Wetter zuzuschieben. Sonst könnte man an warmen Sommerabenden gleich den Sender zusammenpacken. Das Wetter kann es also auch nicht gewesen sein.

Lag es am Mix, an der Reihenfolge der Themen innerhalb der Sendung? «Gute ZüriNews sind wie ein mehrgängiges Menü. Sie sind abwechslungsreich und kommen attraktiv aufgemacht daher. Zu einem währschaften Hauptgang mit Saisongemüse gehört ein leichtes Dessert. Darum brauchen wir in den ZüriNews sowohl Politik als auch Kriminalität und Unterhaltung», definiert Claude Winet. Der stellvertretende Programmleiter ist übrigens nicht Hobby-Koch, sondern leidenschaftlicher Saxofonist in der Zürcher Partyband Groove this. Und ein Feinschmecker. Feinschmecker würden ungern lange auf das Essen warten, weiss er. «Auch TeleZüri-Zuschauer wollen schnell, umfassend und aktuell informiert werden.»

Programmleiter Gilli hadert mit der Wahl des Aufmachers, mit dem Amuse-bouche. «Ja, ich bin vor allem mit dem Aufmacher nicht zufrieden», argumentiert er. Der Prozess gegen den so genannten Öko-Terroristen Marco Camenisch scheint den Medienköchen mehr zu schmecken als den Mediengeniessern. Sendekritiker Claude Winet begrüsst zwar die «ausgezeichnete Abdeckung der Vorkommnisse» rund um das Gerichtsgebäude: die Sprechchöre der Demonstranten aus dem Schwarzen Block, die Statements des Verteidigers und des Staatsanwalts. Hingegen vermisst er eine gewisse Basisinformation («hier zeigt sich wieder mal ein grundsätzliches Problem»). Dies verunmögliche dem Zuschauer, die Relevanz dieser Geschichte nachzuvollziehen. «Eigentlich ist das eine Anti-TeleZüri-Geschichte», bringt es Programmleiter Gilli schliesslich auf den Punkt. Das Thema sei zu wenig nah, geschichtlich wie geografisch, zu wenig emotional und daher als Aufmacher falsch platziert. Das muss es gewesen sein.

Der nächste Tag scheint den Beweis für Gillis These zu liefern. Der Bericht zum Camenisch-Prozess folgt weiter hinten in der Sendung. Das Rating beträgt jetzt schon wieder 253 000. Gigi Stössel hat nicht weggezappt. <

Die Moderatorinnen und das family feeling

«Die Moderatorinnen und Moderatoren von TeleZüri sind anders – sie sind Familienmitglieder. Sie flimmern nicht weit weg vom Sofa über den Bildschirm. Nein, sie setzen sich neben mich, nehmen mich bei der Hand führen mich durch die Sendung.»

Dienstag, 24. August 2004. 20.06 Uhr. Restaurant Koch's, Zürich.
«Wir sind Moderatorinnen und keine Sprechpuppen, die bloss nett auszusehen haben und die Nachrichten verlesen.»
Anna Maier, Ivana Imoli, Christine Schnyder und Maria Rodriguez, News-Moderatorinnen, eingekleidet von Feldpausch, Zürich

Donnerstag, 24. Juni 2004. 21.06 Uhr. Hafen Rüschlikon.
«He, Sie! Sorgen Sie doch wieder mal für besseres Wetter!»
Gehört von Jeannette Eggenschwiler, Zürichs Wetterfee

> Brigitt Walser, die zusammen mit ihrem Partner Jürg Hebeisen zu den profiliertesten Sprech- und Moderationstrainern des Landes zählt, sagt dies nicht ohne Stolz. Schliesslich war sie der Coach der allerersten Moderatoren und Moderatorinnen des Zürcher Fernsehens. Sie unterstützte, motivierte, beruhigte und lobte, als die ersten Gesichter auf TeleZüri ihr Moderationsprofil suchten. Später verfeinerte sie zusammen mit dem Autor dieses Buchs ein Moderationskonzept,[1] das sich stark auf das Dialogische konzentriert. Die dialogische Ansprache aktiviert das Gegenüber, sie bewegt den Angesprochenen zum Mitsprechen. Das schafft Nähe, Vertrautheit und Engagement, was letztlich dem Grundprinzip eines Lokalfernsehens entspricht.

Moderieren bei TeleZüri ist mehr als «nur» informieren. Es ist vor allem kommunizieren. Es reicht nicht, dass sich die Moderation auf das Rezitieren von Fakten beschränkt. Sie soll im Empfänger, also im Zuschauer, etwas auslösen, seine Aufmerksamkeit generieren. Im besten Fall sein Interesse wecken, für das zu behandelnde Thema, für die Fakten. Ziel ist es, dass der Zuschauer und die Zuschauerin nicht einfach mehr wissen, sondern vor allem besser verstehen. Wissen ist gut, verstehen ist besser. Wenn der Zuschauer versteht, dann redet er auch mit. Er fühlt sich in den Diskurs eingebunden. Die TeleZüri-Moderation ist darum nie belehrend, sondern ansprechend und anziehend. Brigitt Walser: «Die Moderatoren und Moderatorinnen von TeleZüri erzählen mir kurz und süffig, was passiert ist. Und sie reden so normal, wie man mit einer Schwester oder einem guten Freund eben spricht.»

Die Kultivierung des Wir-Gefühls

Das Konzept hat Erfolg.[2] Die engagierte, familiäre Ansprache wirkt nachhaltig. Sie bindet die Zuschauer an den Sender. Sie schafft zwischen ihnen und dem Sender eine Art «Wir»-Gefühl. Grossen Verdienst an der Kultivierung dieses *family feeling* haben die TeleZüri-Frauen. Sie stellen in der Moderation seit Anfang die Mehrheit. Ihnen und ihren alltäglichen – und nicht ganz alltäglichen – Erfahrungen und Erlebnissen mit den Zuschauern ist dieses Kapitel gewidmet.

Es passiere ihr oft, dass sie beim Einkaufen in der Migros von wildfremden Personen in Beschlag genommen werde. Die würden ihr gleich ihre gesamte Lebensgeschichte erzählen wollen, berichtet Anna Maier. «TeleZüri ist sehr nah am Zuschauer dran. Man erkennt uns als Teil der Familie, hat folglich kein Gefühl von Hemmungen oder Distanz.» Spontane Begegnungen könnten durchaus amüsant sein, so Newsfrau Maier. Als sie im Bus einmal einer Horde Schüler begegnete, habe sie einer der Teenager ziemlich cool angesprochen: «Hey, wieso gasch du mitem Bus, Mann? Wänn ich bim Fernseh schaffe würd, dänn würd ich nur mitem Ferrari fahre!»

«So was wie dich sollte man heiraten können»

Schön, wenn solche Begegnungen in gegenseitigem Gelächter enden. Manchmal aber sei nur schon das Gefühl, überall angestarrt zu werden, nervig und stressig. Gehe es ihr zu weit, dann scheue sie sich nicht, dies den notorischen Glotzern auch mitzuteilen, gesteht Anna Maier. «Wichtig ist, persönlich Schranken zu setzen. Wenn du via Fernsehen regelmässig in die Stube reinguckst, wirst du automatisch privat, fast schon intim», erklärt Patricia Boser. Sie muss es wissen. Als langjährige Präsentatorin der Partnersendung Swissdate erwarb sie sich den Ruf als Kupplerin der Nation. Allerdings: Wolle einer auf Grund ihrer TV-Rolle bei ihr auch mal privat ankuppeln, bekäme er sogleich zu spüren, dass er auf dem falschen Gleis sei. Die meisten würden die privaten Schranken der Fernsehpersonen jedoch respektieren.

Einige wenige bleiben bei der versuchten Kontaktaufnahme hartnäckig und aufsässig. News-Moderatorin Anna Maier machte diesbezüglich eine negative Erfahrung. Was mit harmlosen E-Mails begann, mit denen sie von einem Fan zum Kaffee eingeladen wurde, endete mit dem Einschalten der Polizei. Obwohl sie dem Verehrer, der sich mit vollem Namen bei ihr meldete, klar machte, dass sie ihn nie treffen und von ihm für immer in Ruhe gelassen werden wolle, liess dieser nicht locker. Als die Moderatorin auf sein Angebot – 1000 Franken für ein Treffen – nicht einging und ihm zu verstehen gab, dass sie nicht käuflich sei, schickte er ihr postwendend eine 1000er-Note in einem Briefumschlag. Das Geld wurde dem Absender zurückgeschickt, der Moderationschef eingeschaltet und mit rechtlichen Schritten gegen den Aufsässigen gedroht. In der Folge kam es zu weiteren, unangenehmen Kontaktaufnahmen. Bis schliesslich die Polizei dem Belästiger androhte, sie würde ihn am Arbeitsplatz abholen. Danach war Ruhe. Solch belastende Eingriffe in die Privatsphäre seien die Ausnahme, sind sich die Moderatorinnen einig. 98 Prozent der Fanpost sei positiv, oft unterhaltend und rührend, betont Anna Maier. Es gebe viel Lob, Liebesbriefe und immer wieder mal einen Heiratsantrag. Einer schrieb: «So was wie dich sollte man heiraten können. Kann man dich klonen, Anna?» Aber nicht nur Fans interpretieren ihre Wünsche und Sehnsüchte in die Fernsehgesichter der Moderatoren und Moderatorinnen hinein. Die meisten Zuschauer haben beim Gesicht, das ihnen jeden Abend via Mattscheibe direkt in die Augen schaut, ihre eigenen Vorstellungen und Bilder. «Als Moderatorin bist du Projektionsfläche», meint Eva Wannenmacher. Als sie nach einem Jahr News-Moderation bei TeleZüri und knapp zweijähriger Babypause als Quereinsteigerin auf dem Moderationsstuhl von *10vor10* Platz nahm, war das eine Schweizer TV-Sensation. Der *Blick* jubelte: «Noch nie war *10vor10* so attraktiv.» Und prophezeite: «Die Blondine hat das Zeug zu einer Schweizer Sabine Christiansen» (17.4.1998). Von da an projizierten nicht nur die Zuschauer, sondern auch die Journalisten und Medienprofis ihre Klischees auf die erfolgreiche Moderatorin. Eva Wannenmacher wurde zur «Meg Ryan des News-Desk» hollywoodisiert.

Tuscheleien und Schuppen von den Augen

«Wir sind Moderatoren und arbeiten an der Sendung mit. Wir sind doch keine Sprechpuppen, die bloss nett auszusehen haben und die Nachrichten verlesen», sagt Anna Maier. Es könne schon nerven, wenn Moderatorinnen fast nie auf ihre journalistischen Leistungen angesprochen, immer aber auf Kleiderstil, Frisur, Schminke, also eben auf das Äussere, reduziert würden. Bei Männern sei das nicht der Fall. (Der Buchautor kanns bestätigen.) Einige Zuschauer und Zuschauerinnen würden überhaupt keine Hemmungen kennen, unpässliche Moderatorinnen in einem barschen Elternton zu belehren. Das ginge dann etwa so: «Sie würden besser aussehen, würden Sie nicht so in den Schminktopf greifen!» Oder auch: «Sie sehen in Natura viel besser aus, Sie sind ja richtig schlank! Warum um Himmels willen sind Sie im Fernsehen so breit?» Ähnliche Bemerkungen kennt auch Jeannette Eggenschwiler. Seit vier Jahren moderiert die ausgebildete Naturheilpraktikerin zusammen mit Dana Gablinger und Chef-Meteorologe Peter Wick das ZüriWetter. «Jöö, Sie sind ja viel kleiner und viel schlanker als im Fernsehen», höre sie öfter. Aus diesen Beobachtungen folgt: Fernsehen macht dick. Vielleicht besser so als umgekehrt.

Auch Daniela Lager, News-Moderatorin der ersten TeleZüri-Stunde, musste sich an die nachhaltige Wirkung des regelmässigen Fernsehauftritts – bei TeleZüri multipliziert durch die stündlichen Wiederholungen – erst einmal gewöhnen. «Wo ich auftauchte, zischelte und tuschelte es hinter mir», erinnert sie sich. Anfänglich habe sie mit Rückzug reagiert. «Ich setzte mich in kein Tram und kein Restaurant mehr, war nur noch mit dem Velo unterwegs oder in Begleitung von Freunden, die mich und meine Paranoia in die Mitte nahmen.» Irgendwann, so die heutige *10vor10*-Moderatorin, habe das Pendel in die andere Richtung ausgeschlagen. «Ich ging aus – ging durch die vielen Türen, die mir als TeleZüri-Gesicht plötzlich offen standen: Clubs, Theater, Partys – und am Sonntagmorgen ungeschminkt und zerknittert in den Hauptbahnhof, um Gipfeli zu holen.» Unter ihrem TeleZüri-Gesicht bildete sich allmählich Hornhaut. Tuscheleien wie «die gseht aber am Fernseh au besser us» hätten ihr fast nichts mehr ausgemacht.

Ivana Imoli, die im Frühling 1996 als Nachfolgerin von Eva Wannenmacher zum News-Moderationsteam stiess, glaubte anfänglich, sie müsste dem Bild der perfekten Moderatorin entsprechen. Wie die allerdings zu sein hätte, wusste sie nicht. Darum gab sie das unmögliche Unterfangen auf. Sie lernte mit der Zeit immer besser, mit den neugierigen Blicken von Passanten, Restaurantgästen und Kinogängern umzugehen. Die Blicke sind meist nicht das Problem. Es ist das Glotzen, das Anstarren, das in gewissen Momenten manch eine Fernsehmoderatorin innerlich seufzen lässt: «Ach wäre ich doch nur eine kleine, unbekannte Floristin.»

Nicht immer trifft das Anstarren auch die Richtige. ZüriNews-Moderatorin Christine Schnyder erzählt von einem jungen Mann, der sich mit einem E-Mail bei ihr gemeldet hat. Er habe sie neulich im Zug nicht erkannt – sich dafür aber unsterblich in sie verliebt, schrieb der junge

Vorstadt-Werther. Es habe ihn auf den ersten Blick total erwischt. Sie sei ihm natürlich schon irgendwie bekannt vorgekommen, damals im Zug. Als er sie am Abend plötzlich auf TeleZüri sah, sei es ihm wie Schuppen von den Augen gefallen. Später seien ihm noch mehr Schuppen von den Augen gefallen, schmunzelt Christine Schnyder. Denn sie war gar nicht im besagten Zug. An jenem Tag sei sie mit dem Auto zur Arbeit gefahren. «Ich habe ihm das ganz nett mitgeteilt, was dem Mann natürlich schrecklich peinlich war.»

Verwechslungen und selten so gelacht

TeleZüri-Moderatorinnen und -Moderatoren sind dank ihrem allabendlichen televisionären Hausbesuch den Zuschauern bestens vertraut. Mittlerweile so stark, dass sie bei einigen sogar einen festen Platz in deren Vergangenheit einnehmen. Nicht schlecht gestaunt habe sie, sagt Ivana Imoli, als sie im Tram von einer ihr völlig unbekannten, euphorischen Frau angesprochen wurde. Diese behauptete, dass sie sich doch von der Schule her kennen würden. Sie war davon felsenfest überzeugt und konnte sich vor Freude über das Wiedersehen kaum erholen. «Wie sagt man so einer Person, dass sie mich vielleicht kennt, aber halt nur vom Fernsehen, und dass ich sie darum nicht kenne und sowieso gar nie in jener Schule war?» Man sagt es einfach. Mit dem Risiko, dass die Getäuschten vor lauter Scham fast im Boden versinken.

Erkannt zu werden, ist das eine. Verwechselt zu werden, das andere. «Ich wurde schon gefragt, wie es denn meinem Mann gehe, jetzt, wo er das Fernsehen verkauft habe», lacht Jeannette Eggenschwiler. Noch häufiger als mit Gabriella Sontheim, der Ehefrau von Roger Schawinski, werde sie mit anderen Wetter-Feen, mit denen von *SF DRS* verwechselt. Ausgerechnet. Warum sie denn immer und bei jedem Hudelwetter auf diesem blöden Dach stehen müsse, werde sie hin und wieder angeranzt. Sie habe sich dazu eine Standardantwort zugelegt. Sie weise diese Leute sanft darauf hin, sie möchten diese Frage doch gleich direkt Thomas Bucheli stellen, da sie ihn höchstens zwei, bis drei Mal im Jahr sehe. «Natürlich! Ihr arbeitet ja aneinander vorbei. Schichtarbeit, hä?», habe sie auch schon als Antwort erhalten.

Die Personalisierung des Wetters hat Konsequenzen. Je nach Wetterlage werde sie gelobt oder, falls das Wetter über längere Zeit nicht den Erwartungen entspreche, dafür verantwortlich gemacht. «He, Sie, sorgen Sie mal wieder für besseres Wetter», habe sie in der Warteschlange zur Kasse im Coop auch schon gehört. Sogar an Freitagen könne sie es sich nicht leisten, sich nicht ums Wetter zu kümmern. Sie sei mittlerweile so etwas wie das Wetter-Auskunftsbüro. Einige hätten gar das Gefühl, die Eggenschwiler sei das Züri-Wetter schlechthin.

Ähnliche Erfahrungen macht auch Patricia Boser, die bekannteste Frau des Senders. Die langjährige Moderatorin der Sendungen Lifestyle und Swissdate (inzwischen präsentiert von Joël Gilgen) wird laufend zu Lifestyle- und Beziehungsfragen kontaktiert. Was hält Patty von Busenvergrösserung, Botox und Ayurveda? Wie denkt Patty über Seitensprünge, Liebe am Arbeitsplatz oder Viagra-Partys? Schwangere Frauen hätten gerne Patty-getestete Schwangerschafts-Tipps. Heiratswillige wünschen sich Patty als Trauzeugin. Damit die Ehe zumindest das hält, was Swissdate verspricht. «Und jede Woche fragt mindestens eine, wie ich es geschafft habe, so viel abzunehmen», grinst die Mutter eines einjährigen Sohnes. Sie versuche wirklich, alle ehrlich gemeinten Anfragen auch umgehend zu beantworten.

Hin und wieder folgt Boser auch speziellen, persönlichen Einladungen. Als sie vom 30. Geburtstag eines behinderten Verehrers erfuhr, ging sie spontan aufs Fest. Patty, die Geburtstagsüberraschung. Als ein Schulmädchen einen Vortrag über Patricia Boser hielt, liess sie es sich nicht nehmen, persönlich an der Prüfung zu erscheinen – zum grossen Erstaunen von Vorträgerin, Klasse und Lehrern. Sie verstehe sich sehr gut mit Kindern und mit älteren Menschen, heisst es in ihrem Bekanntenkreis. Das bestätigt auch ihr direkter Chef Christian Köppel, früher Tele-24-VJ und seit einigen Jahren erfolgreicher Leiter von Lifestyle und Swissdate. «Mir ist noch selten ein Mensch begegnet, der so individuell auf sein Gegenüber eingehen kann», lobt Köppel. Patty sei Moderatorin und Journalistin zugleich. So könne er sich als Redaktionsleiter darauf verlassen, dass sie in entscheidenden Momenten auch die richtige Frage stelle. Ihr Nachfolger im Swiss-Date, der Berner Moderator Joël Gilgen, ist sich bewusst, dass Patty National die Partnerwahl-Kiste und ihre Fans über Jahre geprägt hat. «Es ist für mich eine grosse Ehre, als ihr Nachfolger die Sendung weiter erfolgreich zu moderieren.» Was ihm übrigens auch sehr gut gelingt.

Noch heute sei sie gerührt, sagt Patricia Boser, wenn sie an den 80-jährigen Rentner denke, der ihr Briefmarken schickte, damit sie einen Kaffee trinken gehen könne. Der alte Mann sandte ihr gleich eine Luftaufnahme von seinem Heimetli. Charmant merkte er an, dass ihm ein 80-jähriges Fraueli schon noch recht wäre, sollte sie demnächst im Fernsehen ein Senioren-Date abhalten. Da habe sie fast Tränen lachen müssen, meint die Moderatorin. Überhaupt: Patricia Boser lacht gerne und kann vor allem auch gut über sich selber lachen. Eine Eigenschaft, die jedem Moderator und jeder Moderatorin gut stehen würde. Ihr sei immer bewusst gewesen, dass Swissdate die Sendung war und ist, die keiner schaue und doch alle immer gesehen hätten.

Dass sie mit der Zeit als Moderatorin parodiert wurde, liess sie nicht etwa mit einer Ehrverletzungsklage zum Anwalt rennen. Nein, sie fand das ganz lustig. Inzwischen hat sie sich bereits an zwei Hochzeiten selber als Patty parodiert. Ein Knüller. Offenbar ist sie im Sich-selber-Parodieren so gut, dass es schwierig wird, Original und Parodie zu unterscheiden. Als in der Zürcher Schwulen-Szene «Patty-Partys» die Runde machten, ging die Kult-Moderatorin eines Nachts selber hin. Selten habe sie so gelacht. Die Leute dort hätten doch tatsächlich geglaubt, sie, Patricia Boser, sei ein Patty-Double. <

[1] *Seit 1996 leiten Brigitt Walser, Jürg Hebeisen und Hugo Bigi an der Schweizer Journalistenschule MAZ in Luzern TV-Moderations- und Interviewkurse.*
[2] *Die News-Moderation von Hugo Bigi, Ivana Imoli, Anna Maier und Christine Schnyder wurde im September 2004 mit dem Schweizer Fernsehpreis «TV Star 2004» ausgezeichnet.*

Moderation* bei TeleZüri
News:
Hugo Bigi .... seit 1994
Ivana Imoli .... seit 1996
Anna Maier .... von 1999 bis 2004
Daniela Lager .... von 1994 bis 1999
Christine Schnyder .... seit 2001
Diana Jörg .... von 1999 bis 2001
Eva Wannenmacher .... von 1995 bis 1996
Sandra Lehmann .... von 1994 bis 1995
Maria Rodriguez .... seit 2004
TalkTäglich:
Hugo Bigi .... seit 1995
Roger Schawinski .... von 1994 bis 2001
Markus Gilli .... seit 2002 (Teileinsätze schon früher)
SonnTalk:
Markus Gilli .... seit 1997
Roger Schawinski .... von 1996 bis 1997
Reto Brennwald .... von 1996 bis 1997
Matthias Ackeret .... Dezember 2001 bis April 2002
Lifestyle:
Patricia Boser .... seit 1996
Swissdate:
Patricia Boser .... von 1995 bis 2003
Joël Gilgen .... seit 2003
ZüriWetter:
Peter Wick .... seit 1997
Jeannette Eggenschwiler .... seit 2000
Dana Gablinger .... seit 2003

**Aufgelistet sind hauptamtliche Moderatorinnen und Moderatoren der Sendungen, die auch heute noch im Programm sind.*

Mittwoch, 9. Juni 2004. 14 Uhr. Bei ihr zu Hause irgendwo in Zürich.
«Wenn du via Fernsehen regelmässig in die Stube reinguckst, wirst du automatisch privat, fast schon intim.»
Patricia Boser, Moderatorin Lifestyle

Camouflage gegen Bibeli. Fernsehen hautnah

Wer am Fernsehen auftritt, der soll nicht glänzen. Äusserlich.
Das Fernsehlicht ist hart. Manchmal ist es gnadenlos hart.
Als Weichmacher wird darum Schminke aufgetragen. Wer in einem
Fernsehstudio auftritt, trägt also eine Maske. Gäbe es diesen
Service nicht, würden reihenweise sprechende Speckschwarten
in die Stuben flimmern.

Dienstag, 8. Juni 2004. 6.03 Uhr. Ruderclub, Zürich-Wollishofen.
«Als der Dalai Lama mir die Hand reichte, kippte ich fast um.»
Raquel Turón, Visagistin

> Jede professionelle Fernsehstation von Abidjan bis Zürich beschäftigt Maskenbildnerinnen. Maskenbildner sind eher selten. Der Job der Maske ist in Frauenhand. Die Maske ist das einzige Ressort im Fernsehgeschäft, in dem fast ausschliesslich die Frauen das Sagen haben. In der Maske wird Fernsehen hautnah. Intim.

Raquel Turón kennt Bundesrat Blochers Gesicht ohne Brille und Roger Schawinskis Haar ohne Färbung so gut wie wohl nur deren Ehefrauen. Seit acht Jahren schminkt und frisiert die gebürtige Spanierin Moderatorinnen und Moderatoren, Stars und Sternchen, Hinz und Kunz. Zusammen mit ihren Kolleginnen Claudia Kälin und Doris Burkhalter-Brasser hat sie schon Tausenden von Fernsehköpfen Camouflage aufgetragen. Die dicke Paste lässt die Haut ebenmässig erscheinen. Sie bringt unappetitliche Bibeli zum Verschwinden. Sie überdeckt Altersflecken, Hautrötungen oder dämpft das Glühen roter Toni-Brunner-Backen. Auf die Camouflage folgen Puder als Matt-Macher, Schattierungen als Profil-Verpasser, Mascara für die Wimpern. Es werden je nach Physiognomie Augenbrauen nachgezogen und Lidschatten gesetzt. Wangenrouge und Lippenstift gibt es in der Regel nur für die Damen. Einige Herren lassen sich ihr Mundwerk vor dem TalkTäglich oder SonnTalk mit Lippenpomade ölen. «Frauen sind beim Schminken viel heikler als Männer», meint Raquel Turón. So wisse von Frauen, «bekannten, starken Frauen», die sich nicht oder nur ganz leicht schminken liessen, weil es der Mann zu Hause so verlange.

Hopp-Schwitz-Mäni und Bumbum-Boris

Nicht auf Geheiss ihres Gemahls, sondern prinzipiell jeder irdischen Schminke abgeneigt ist Uriella. Das selbst ernannte Sprachrohr Gottes inszeniert sich jeweils schon in der Maske als die Unberührbare. «Damit haben wir kein Problem», sagt Raquel Turón, «sie kommt ja eh schon voll zugepudert.» Allerdings sei sie von Uriella einmal masslos enttäuscht worden. Als in einem TalkTäglich ein Anrufer Uriellas Schminke als abscheulich bezeichnete, habe diese doch glatt behauptet, die Schminke sei das Werk der «Fräuleins vom Fernsehen».

Noch nie habe sich ein Mann der TeleZüri-Schminke verweigert. Ausser der Dalai Lama. Sie hätte das weltliche Oberhaupt des tibetischen Lamaismus auch niemals schminken können. So fasziniert sei sie bei dessen Erscheinung im TalkTäglich gewesen, schwärmt Raquel Turón. «Als er mir die Hand reichte, kippte ich fast um.» Ansonsten käme bei den Männern hin und wieder Skepsis gegenüber der Schminke auf. Einige hätten Angst, dass die Paste nicht mehr weggehen würde. Andere wollen sich kaum von der Schminke trennen. Zürichs Obdachlosenpfarrer Ernst Sieber und der Schweiz ehemaliger Schattenaussenminister Ernst Mühlemann fühlen sich mit der Maske so pudelwohl, dass sie nach dem Auftritt den Sender jeweils geschminkt verlassen. «Sie sagen, sie sähen jünger und frischer aus.»

Wieder andere Männer schwitzen in der Maske, was das Zeugs oder eben die Camouflage hält. Die Schwitzer-Liste wird vom ehemaligen TV-Star Mäni Weber angeführt. «Ein sehr höflicher Mann», meint Turón, «dass er so stark schwitzt, tut einem richtig leid.» Das Schwitzen ginge ja noch. Schlimmer seien die Körperausdünstungen gewisser Gäste. Sie wolle keine Namen nennen. Aber es seien auffallenderweise vor allem Männer, «nicht selten Politiker und Manager». Sie habe schon Pinsel und Schwämme nach dem Schminken entsorgen müssen. Die Frage, ob nicht auch die ungewöhnliche Nähe zur Maskenbildnerin, das plötzliche Tête-à-tête, einige Männer ins Schwitzen bringe, stösst auf ein verschmitztes Lächeln. Es gebe tatsächlich einige wenige Männer, regelmässige Gäste am Sender, die beim Schminken selten in den Spiegel gucken. Wo die denn wohl hinschauen? «Jedenfalls nicht in meine Augen.»

Noch nie sei sie in der Maske angebiedert oder angemacht worden, betont Raquel Turón. Bei einigen wenigen habe sie schon das leichte Gefühl gehabt, dass sich das Interesse ihr gegenüber nicht auf die Camouflage beschränkte. Boris Becker sei so einer gewesen. Sie schminkte den berühmtesten Sommersprossenträger im Oktober 1999 für den Auftritt im TalkTäglich zu einer Zeit, in der er noch glücklich verheiratet schien. Als er dann in der Sendung mit Hugo Bigi scherzte, er würde nach Afrika gehen und sich eine neue Frau suchen, sollte sich die Barbara von ihm trennen, sei es ihr schon ein wenig mulmig geworden. Tatsache jedoch ist: Boris ging bei Raquel nicht ans und Raquel dem Boris nicht ins Netz.

Ein Oscar, drei Herzchen und ein Toupet

Beeindruckt haben sie andere Tennis-Asse, allen voran Roger Federer und Martina Hingis. Die angenehmen Umgangsformen und die Bescheidenheit der beiden erfolgreichsten Schweizer Tennis-Cracks aller Zeiten seien bemerkenswert. Überhaupt stelle sie fest, dass es vor allem die Berühmten und Erfolgreichen seien, die nicht nur den Moderatoren, sondern auch den Maskenbildnerinnen Wertschätzung entgegenbrächten. Weltstars wie Sir Peter Ustinov, Maximilian Schell, Tina Turner oder Ricky Martin seien sich nicht zu schade gewesen, auch mit ihr oder ihren Kolleginnen einige Worte zu wechseln. Und ein Dankeschön auszusprechen. Vereinzelte Gäste zeigen sich sogar mit einem Geschenk erkenntlich. Unvergesslich bleibt der Visagistin die erste Begegnung mit dem Zürcher Seidenkönig Andi Stutz. Er überraschte sie mit zwei Flaschen edlem Champagner. Eine wurde während der 15 Minuten Schminken glatt geleert. Für einmal kam auch die Maskenbildnerin ins Glänzen.

Die Augenblicke mit den unterschiedlichsten Persönlichkeiten hält Raquel Turón jeweils auf Polaroid-Föteli fest. «Merci, Raquel», «You made me look great» oder «Super!» heisst es auf den Fotos. Drei Alben sind schon voll. Das Lieblingsbild? Raquel und Maximilian. Der Schweizer Oscar-Preisträger Maximilian Schell hat die persönlichste aller persönlichen Widmungen aufs Polaroid gekritzelt – drei Herzchen und daneben steht schlicht: Maximilian.

Nicht selten werden den Visagistinnen Geheimnisse anvertraut. So mahnte der inzwischen verstorbene deutsche Talkmaster Hans-Joachim Kulenkampff beim Frisieren zur Vorsicht. Kuli trug ein Toupet. Rudi Carrell erzählte, dass ihm seine Augenringe zu schaffen machten und er für deren spezielle Behandlung dankbar sei. Die holländische Jazz-Saxofonistin Candy Dulfer ist bekannt für ihren heissen Sound. Wenige wissen von ihren notorisch kalten Füssen. Raquel Turón schon. Als sich die Musikerin in der Maske auf ihren Auftritt in der Sendung Jukebox einspielen wollte, kriegte sie keinen anständigen Ton aus dem Horn heraus. Der Grund: Im Blechkörper steckte eine Socke. Ihre Mutter hatte sie dort beim Packen versteckt. Wohl wissend, dass die Tochter sie im geliebten Saxofon bestimmt finden würde.

Baywatch und Blocher

Ein anderes Kleidungsstück sorgte im Schminkraum ebenfalls für Unruhe. Serien-Rettungsschwimmer und Softie-Sänger David Hasselhoff verriet, dass er nie ohne sein weisses Hemd in eine TV-Sendung gehe. Dummerweise war das weisse Hemd völlig zerknittert und die Zeit vor der Sendung äusserst knapp. Während Raquel Turón den *Baywatch*-Star im Akkord schminkte, bügelte Moderator Christian Handelsman dessen Hemd. Teamwork wie bei *Baywatch*. Hasselhoff war gerettet.

Am besten kennt Raquel Turón die Poren, Pickel und Haarwurzeln der hauseigenen Moderatoren und Moderatorinnen. Sie würde sich aber hüten, irgendwelche Geheimnisse ihrer Kolleginnen und Kollegen preiszugeben. Sie seien mit ihren Gesichtern ja schon ausgestellt genug. Und wie war das mit Roger Schawinskis angeblicher Haarfärberei? «Roger ärgerte sich häufig, dass immer wieder Leute behaupteten, er würde sich die Haare färben», erinnert sich Turón. Und, hat er? «Nein. Ich sah die grauen Härchen im schwarzen Dickicht spriessen und beobachtete mehrmals, wie er sich vor dem Spiegel eigenhändig dieser Eindringlinge entledigte.»

Wenig Firlefanz um seine Haare macht Bundesrat Christoph Blocher. Die TeleZüri-Visagistinnen erleben den EU-Skeptiker auf dem Schminkstuhl als einen offenen, gesprächigen und neugierigen Mann. «Als er mich einmal nach meiner Herkunft fragte, sagte ich ihm, ich hätte keinen Schweizer, sondern einen EU-Pass. Er wollte das gar nicht glauben», erinnert sich Raquel Turón. «Herr Blocher versuchte mich doch tatsächlich zu überzeugen, dass ich Schweizerin und dass Turón – ganz klar – ein Bündner Geschlechtsname sei.»

Das kam ihr dann doch ziemlich spanisch vor. ‹

Sonntag, 30. Mai 2004. 16.23 Uhr. Zürich-Altstetten.
«Mit TeleZüri kann ich jederzeit bequem um die Hausecke schauen.»
Sandra Treichler mit Freund Thierry Grau

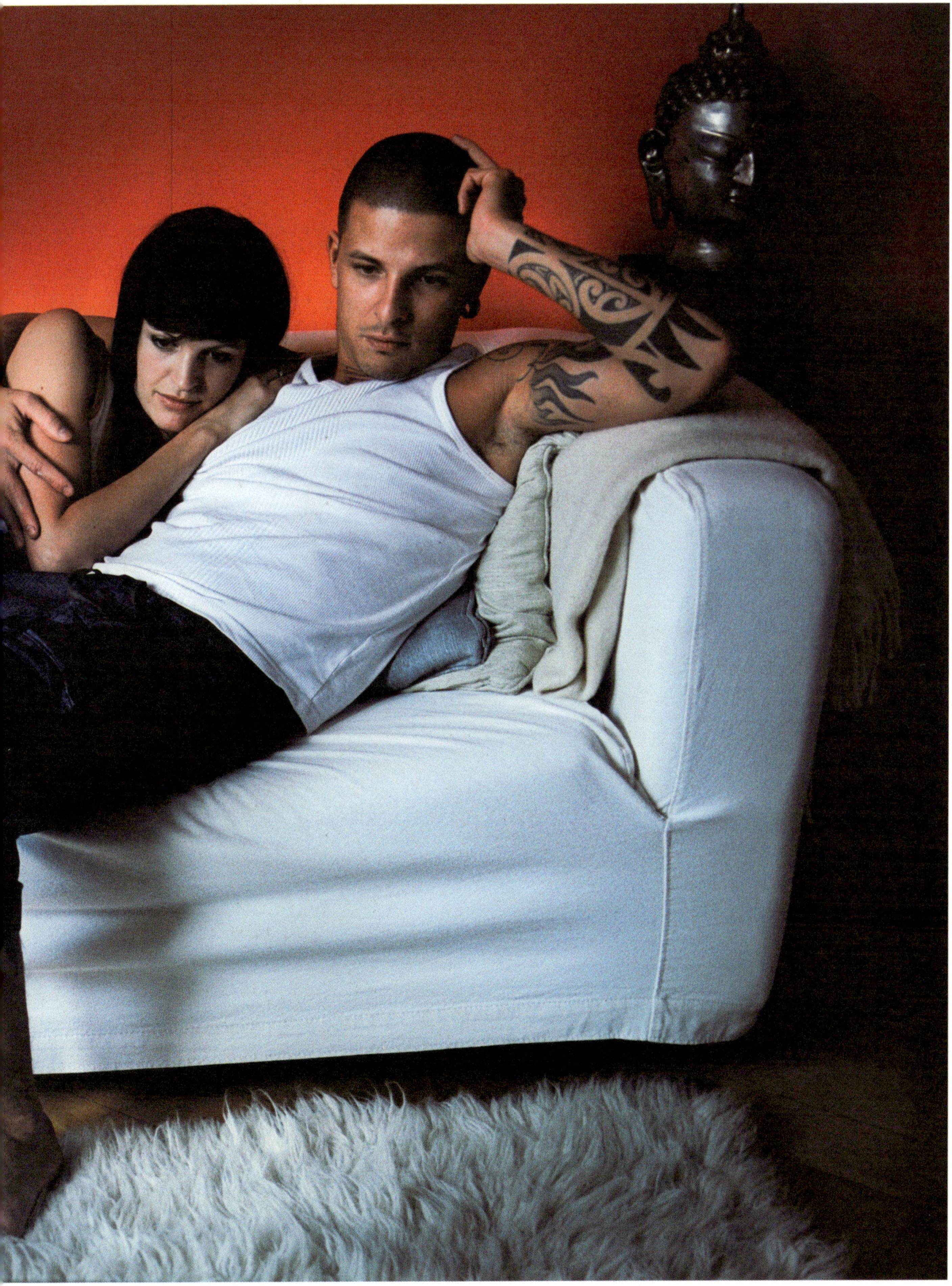

Freitag, 11. Juni 2004. 12.04 Uhr. Lotus-Garage Pfenninger, Schwäntenmoos 9, Zumikon.
«Früher hörten wir in der Werkstatt Radio 24 oder DRS 3. Heute läuft bei uns TeleZüri.»
Kenzler, Werkstattchef

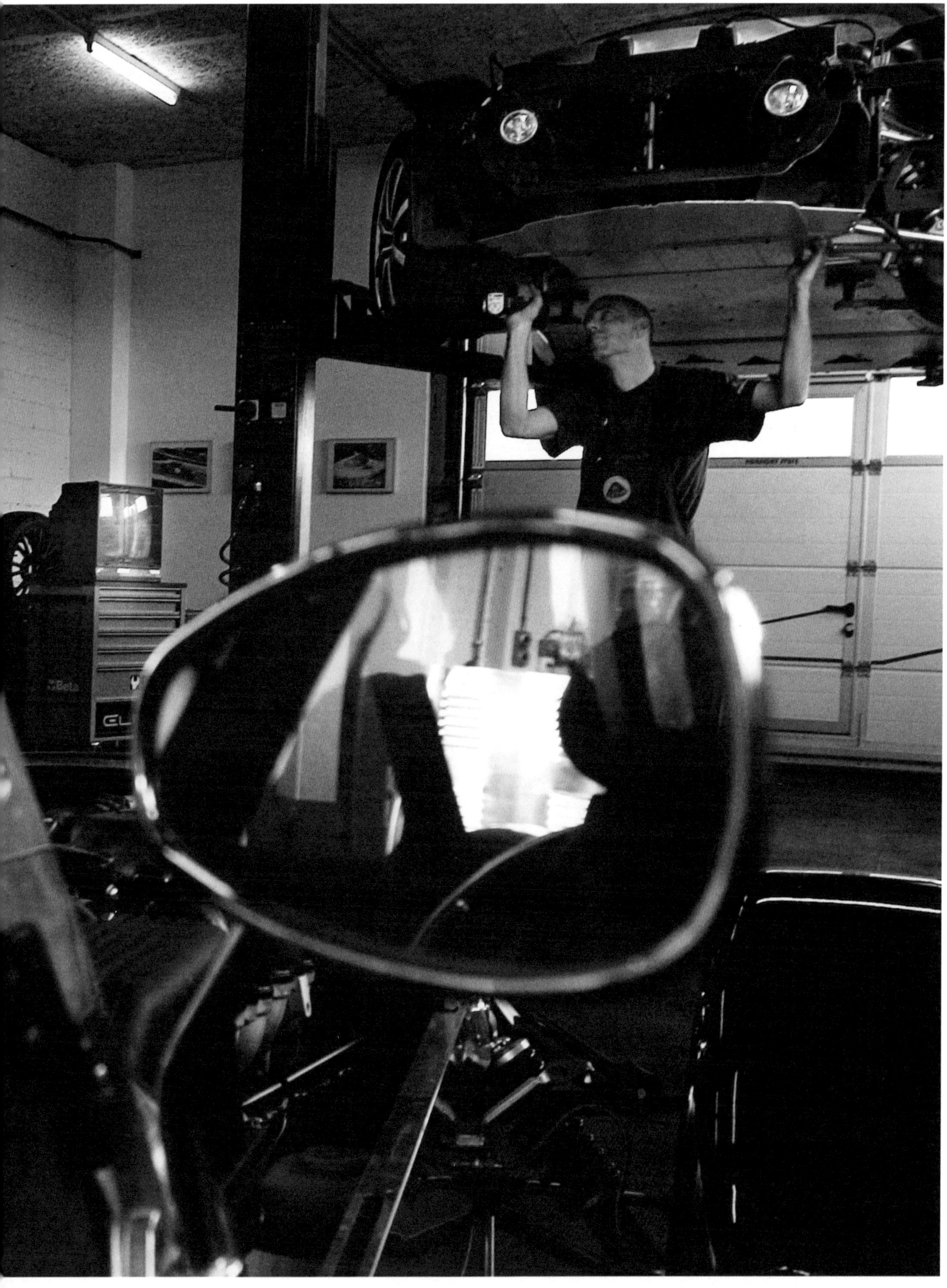

Freitag, 28. Mai 2004. 13.04 Uhr. Rindermarkt, Zürich.
«Mein Coiffeursalon ist mein Zuhause. Hier läuft immer etwas. Auch TeleZüri.»
Frankie Rinderknecht, Coiffeur-Original

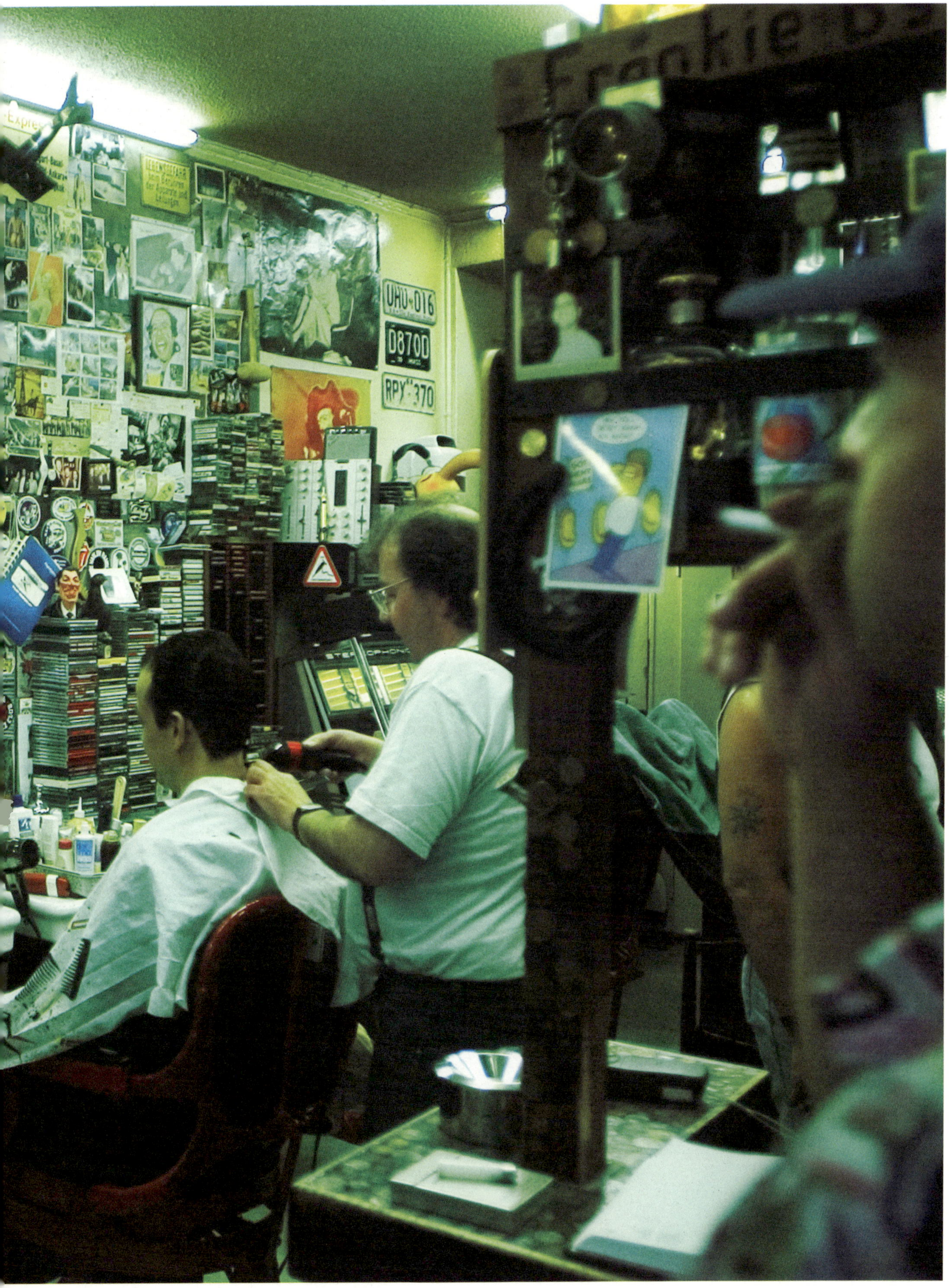
UHU 016
D8700
RPY 370

Sonntag, 20. Juni 2004. 12.42 Uhr. Grossackerstrasse 41, Zürich-Leimbach.
«Am liebsten schauen wir Lifestyle oder Swissdate – manchmal ist es huere luschtig.»
Robin, Joy und Stefanie

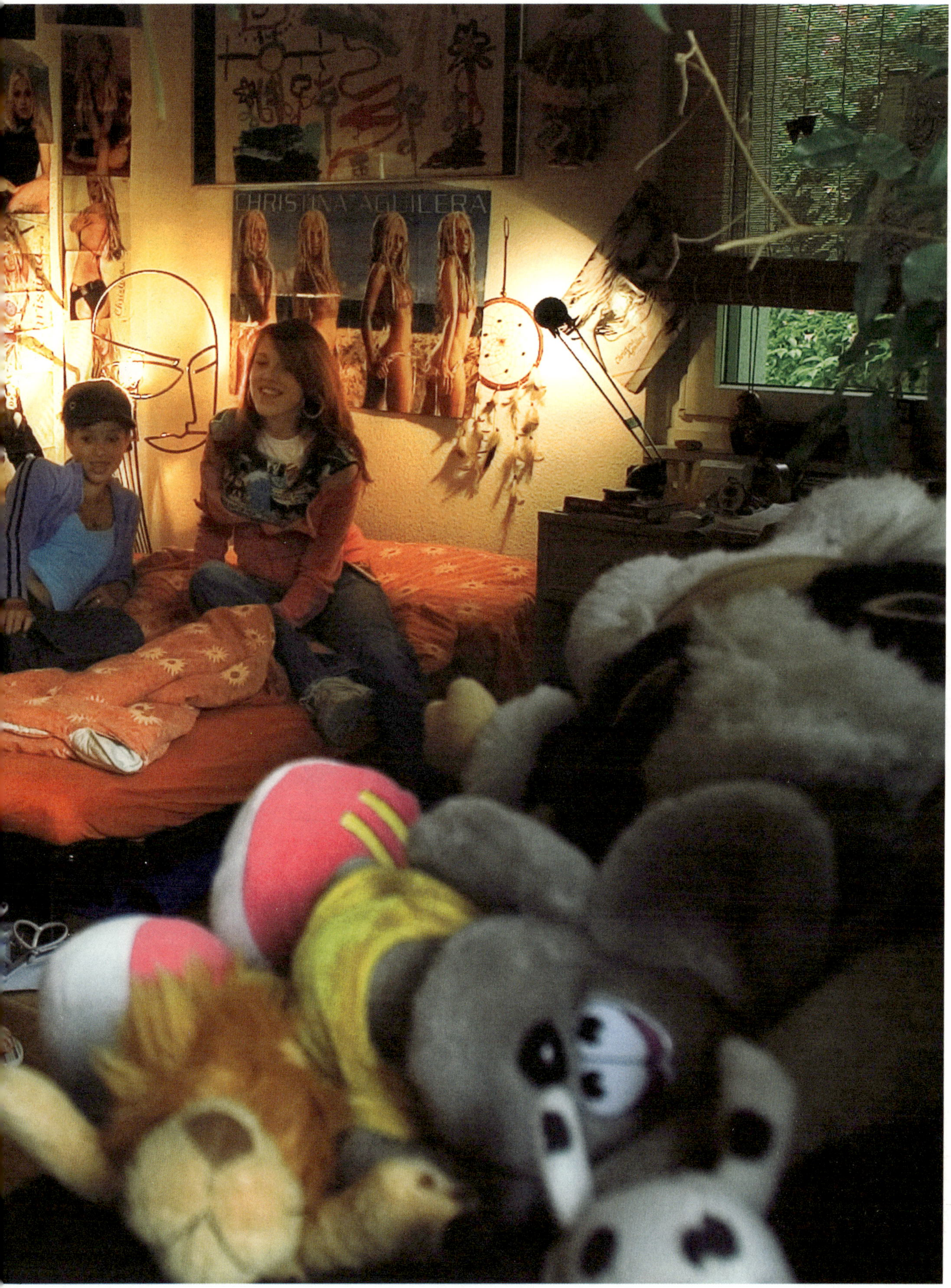
CHRISTINA AGUILERA

Sonntag, 13. Juni 2004. 9.35 Uhr. Obermülistrasse 53, Fehraltorf.
«Wir haben uns via Swissdate kennen gelernt. Marco war Single-Mann. Ich schrieb ihm, dann wars um uns geschehen.
Heute erzählt unsere viereinhalbjährige Tochter Lorena im Kindergarten, dass Mami und Papi sich im Fernsehen kennen gelernt haben.»
Andrea und Marco Lucchini (hier mit Livio, dem jüngsten Swissdate-Kind)

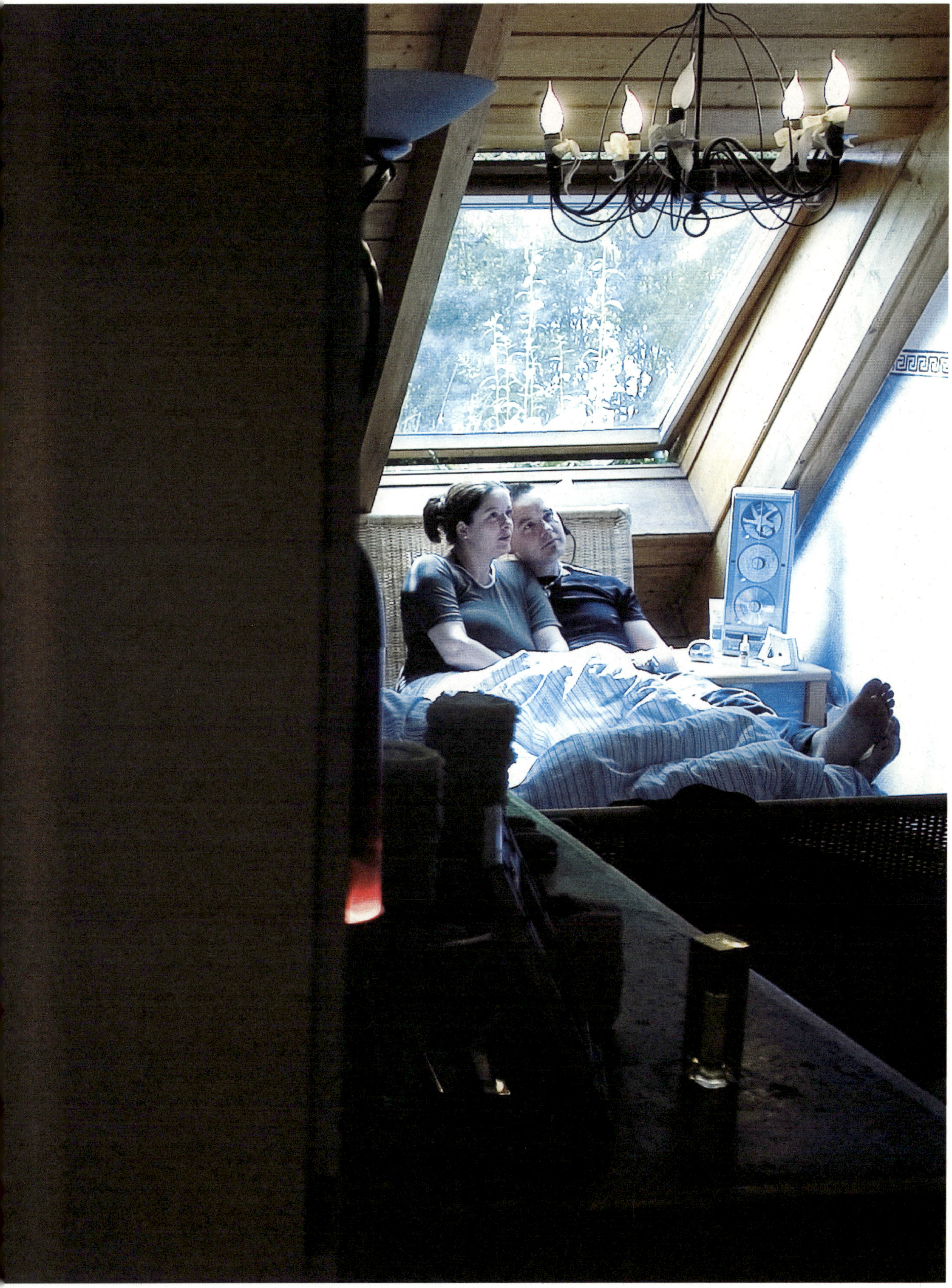

Sonntag, 27. Juni 2004. 13.38 Uhr. Kloster Rapperswil.
«Wir im Kloster können uns nicht nur um Gott kümmern. Wir wollen auch wissen, was ausserhalb der Klostermauern so läuft. Darum schauen wir TeleZüri.»
Bruder Eckehard, Kapuziner

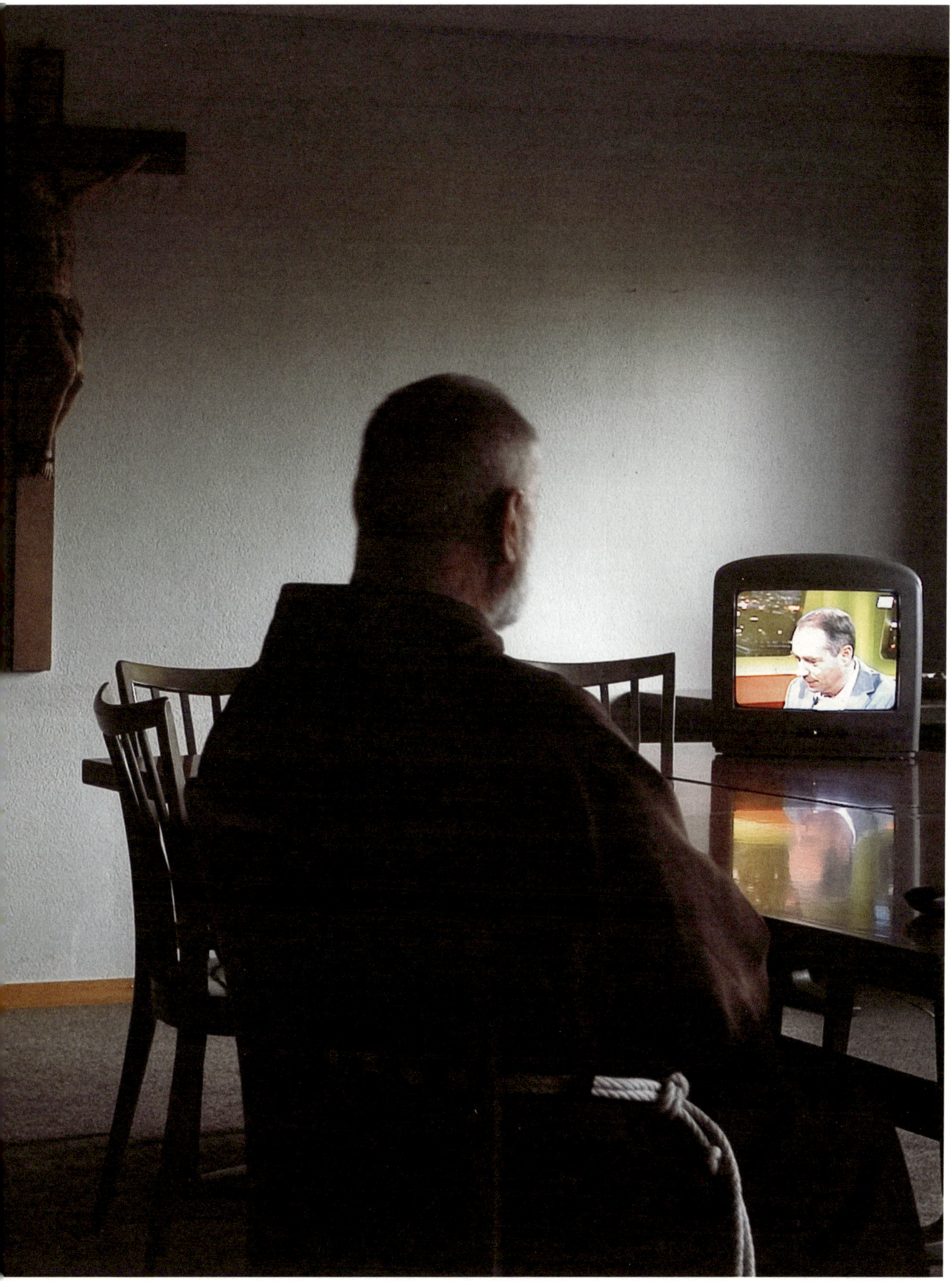

Mittwoch, 12. Mai 2004. 22.06 Uhr. Salon Lipstick, Heinrichstrasse, Zürich.
«Ich schaue TeleZüri, weil ich mich zwischen der Kundschaft schnell über Zürich informieren kann.»
Lisa, Salonbesitzerin

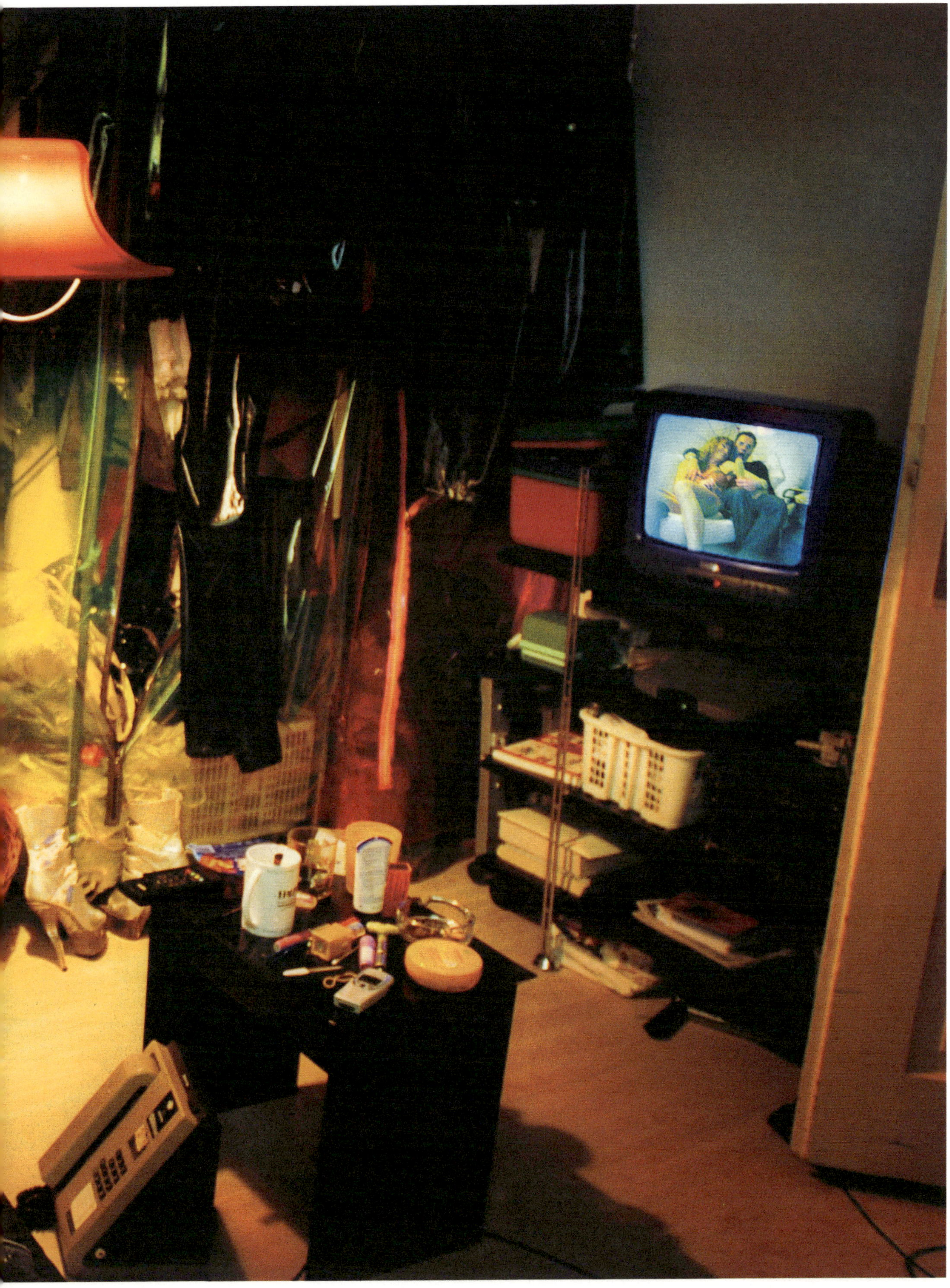

Montag, 21. Juni 2004. 7.03 Uhr. Weststrasse 4, Zürich.
«Wenns brennt, dann ist auch TeleZüri sofort zur Stelle.»
Im Aufenthaltsraum der Berufsfeuerwehr Zürich

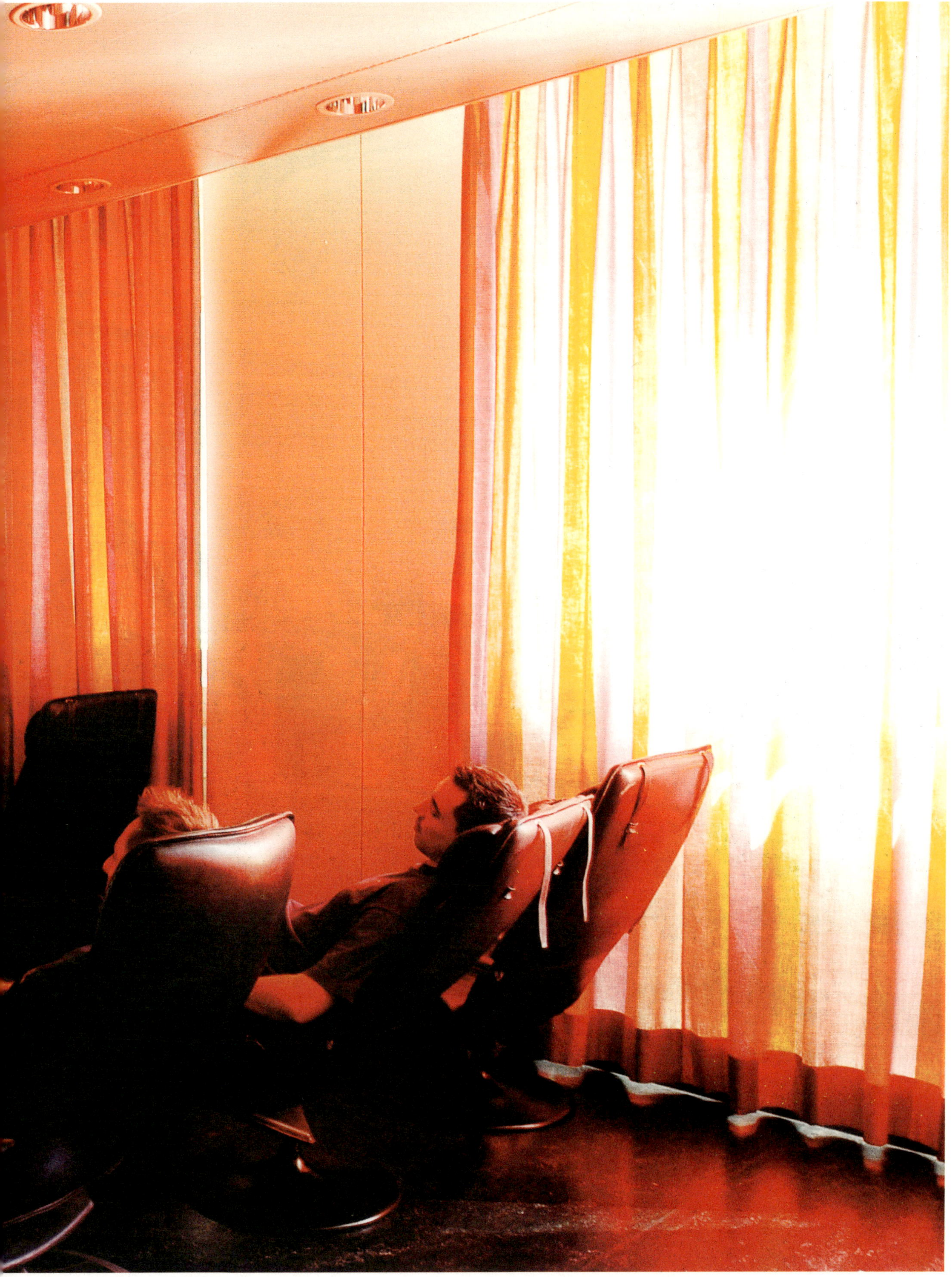

Donnerstag, 5. August 2004. 19.27 Uhr. Holmes Place, Jelmoli, Zürich.
«Sich abstrampeln und dazu TalkTäglich schauen – da steigt das Adrenalin.»
Sandy, Chefsekretärin

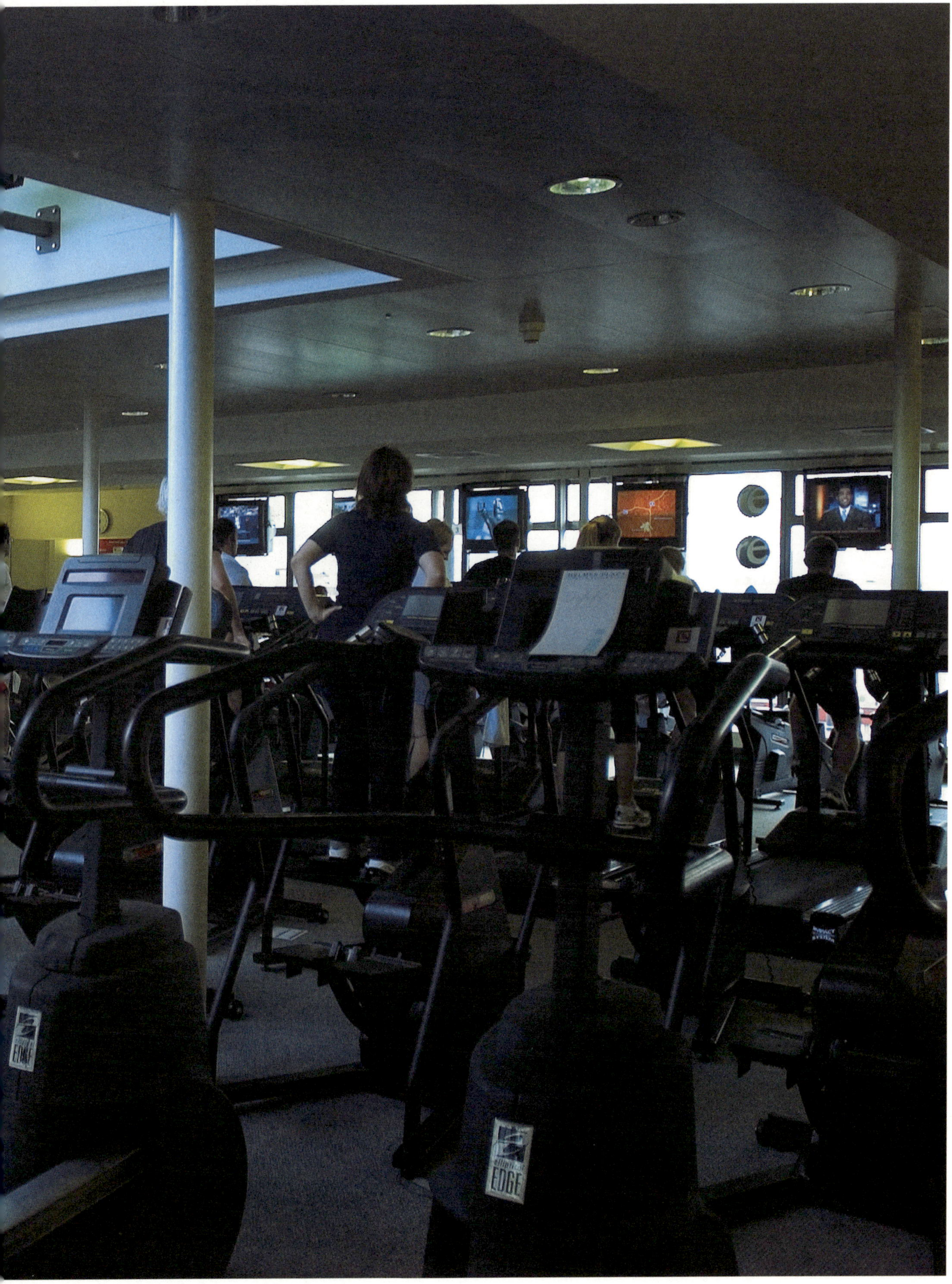
EDGE

Dienstag, 22. Juni 2004. 9.11 Uhr. Gefängnis Pöschwies, Regensdorf.
«Mein Frauenbesuch wird sich während der nächsten Jahre wohl auf die Moderatorinnen von TeleZüri beschränken.»
P., Strafgefangener

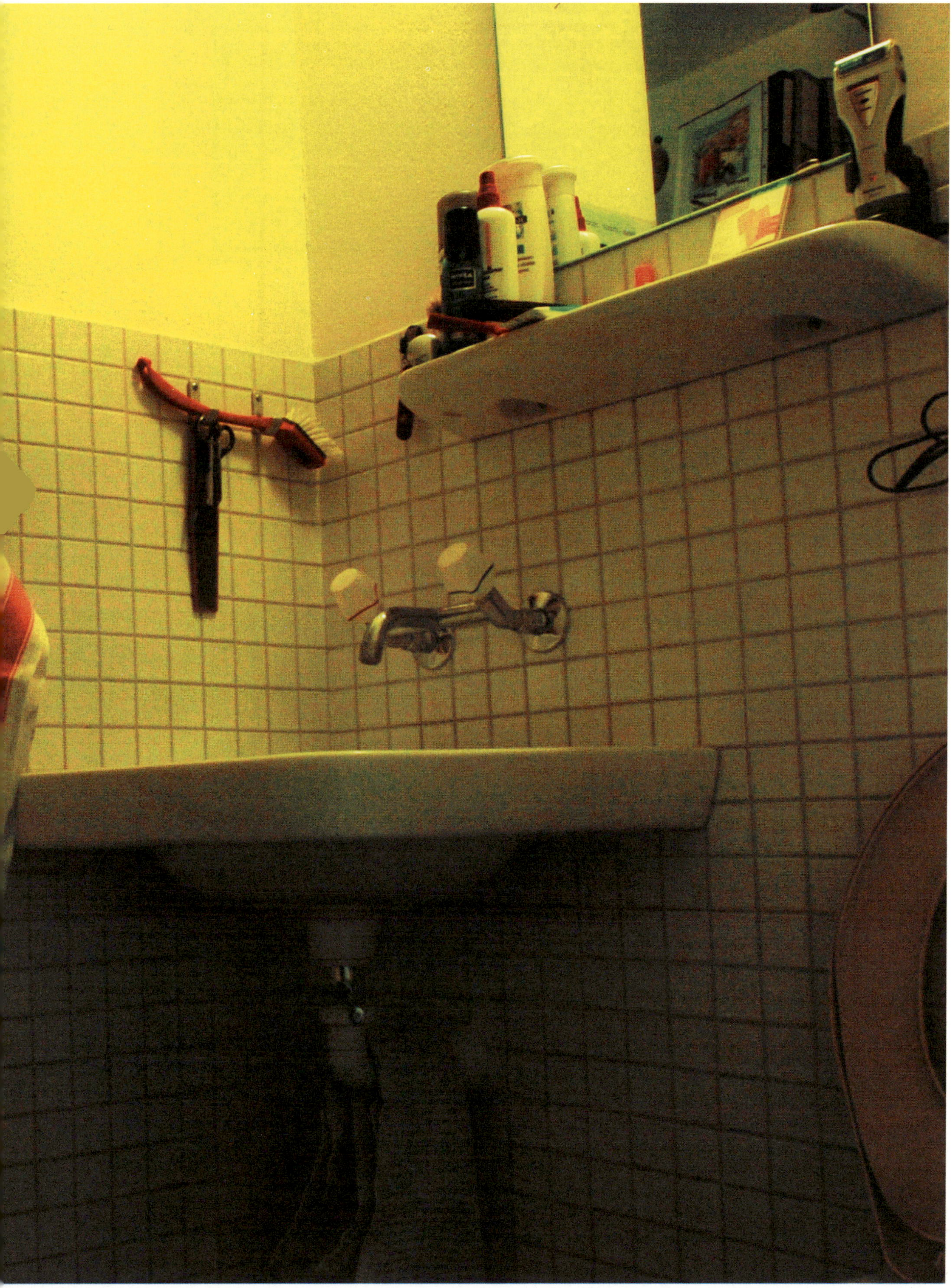

Samstag, 12. Juni 2004. 13.31 Uhr. Ringier Pressehaus, Dufourstrasse 23, Zürich.
«Mit den stündlichen Wiederholungen der News öffnet mir TeleZüri auch während meiner Schichtarbeit die Tür zur Stadt.»
Werner Schuler, Portier

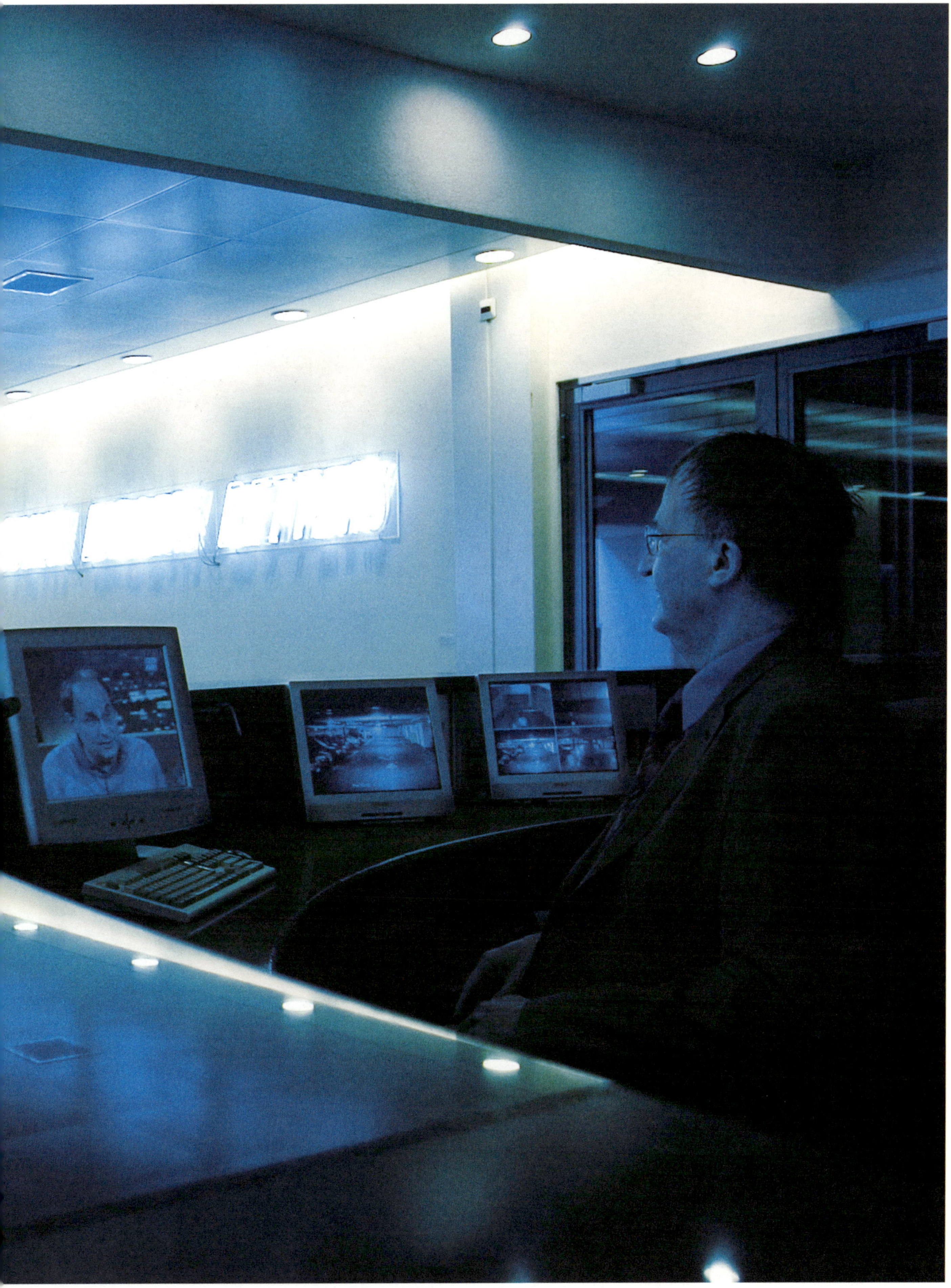

Sonntag, 13. Juni 2004. 6.36 Uhr. Seefeld, Zürich.
«Die Party ist vorbei. Jetzt ziehen wir uns noch das Swissdate rein.»
Melanie Deron mit Freund Marc

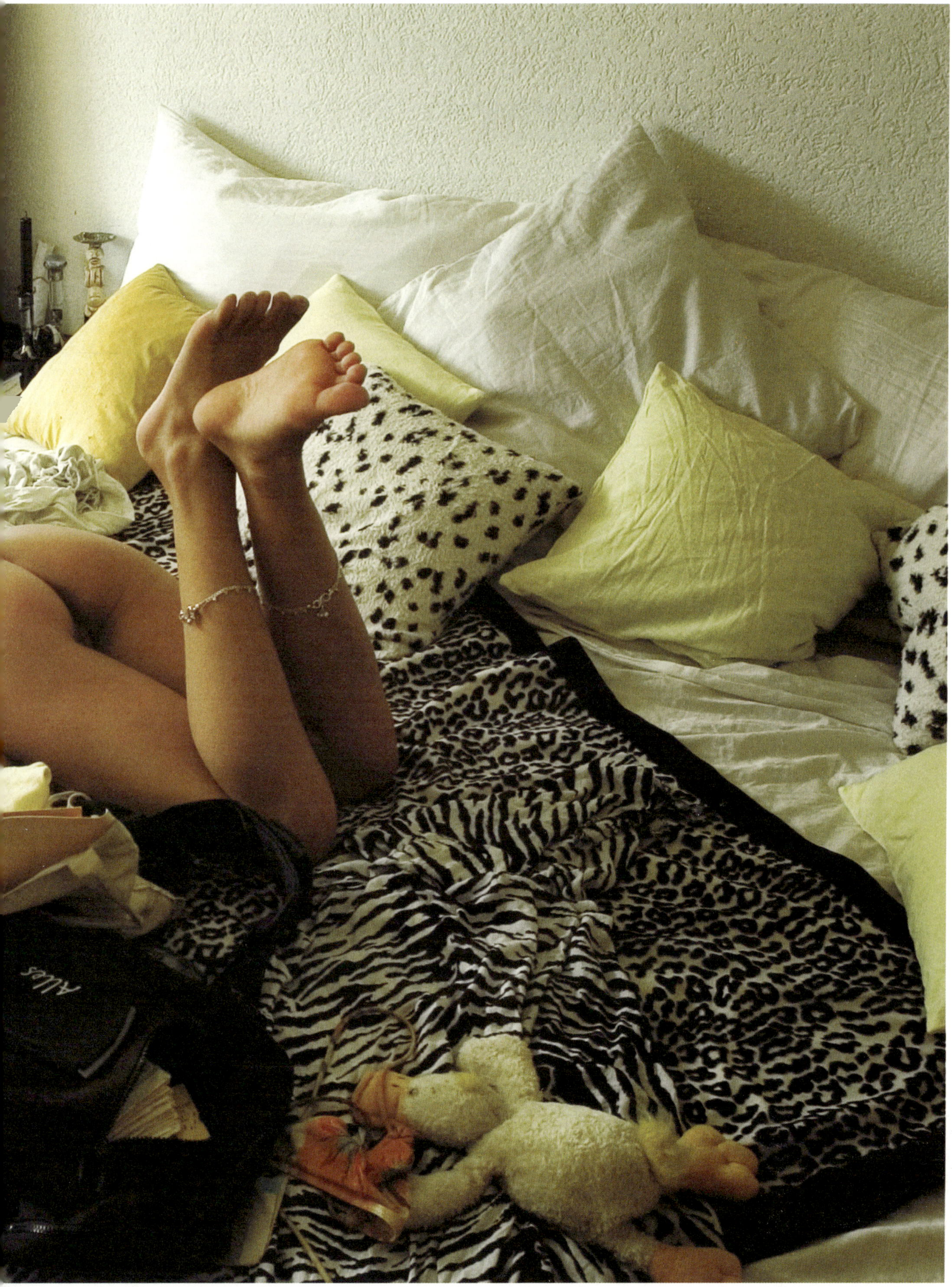
Alles

Von Bundesrat Blocher bis Melanie Winiger.

Testimonials

In praktisch allen grösseren Städten und Regionen im In- und Ausland haben sich in den letzten Jahren private TV-Sender etabliert. Sie sind zum unverzichtbaren Informationskanal für jene Bewohnerinnen und Bewohner geworden, die jederzeit wissen wollen, was in ihrer nächsten Umgebung, sozusagen vor ihrer Haustür, passiert. Genau diesem Bedürfnis entspricht TeleZüri.
Was diesen Lokalsender auszeichnet, sind Lebendigkeit, Witz und Ideenreichtum. Und weil er nahe am Geschehen und unkonventionell in seiner Berichterstattung und Programmgestaltung ist, prägt und repräsentiert er das urbane Lebensgefühl der Region Zürich wie kaum ein anderes Medium.
Seit nunmehr 10 Jahren ist TeleZüri auf Sendung! Ein noch junger Sender, von jungen Leuten gemacht, denen man anmerkt, dass ihnen die Fernseh-Arbeit riesigen Spass bereitet. Ich bin stolz darauf, dass TeleZüri zu Tamedia gehört. Dem traditionsbewussten Medienunternehmen ist der oft aufmüpfige Sender sehr ans Herz gewachsen.

Dr. Hans Heinrich Coninx, Verwaltungsratspräsident Tamedia AG. 16.7.2004

TeleZüri gehört zu den Privatsendern, welche Pionierdienst geleistet haben. TeleZüri hat den freien Wettbewerb fürs Fernsehen ermöglicht. Es galt, gegen einen übermächtigen Konkurrenten – das Schweizer Fernsehen – anzutreten. Darum habe ich TeleZüri relativ häufig berücksichtigt, um eben diesen Konkurrenzgedanken zu fördern. Fernsehen ohne Konkurrenz schläft ein und wird einseitig und bequem. Das hat TeleZüri verhindert. Mit ihren Talksendungen TalkTäglich und SonnTalk haben sie interessante politische Sendungen ausgestrahlt, meinungsbildend, direkt, unverblümt und fair: Das haben die Zuschauer mit hohem Interesse an der Sendung honoriert. Ich hoffe, dass TeleZüri so weiter macht und eine Herausforderung bleiben wird.

Christoph Blocher, Bundesrat. 18.6.2004

TeleZüri hat von Anfang an auf lokale Berichterstattung gesetzt, was wir in Zürich natürlich sehr schätzen. Die ersten Erfahrungen gehen zurück auf meine Zeit als Nationalrat. TeleZüri symbolisierte damals auch den Eintritt in ein neues TV-Zeitalter der Schweiz mit lokalen Fernsehstationen, die privat finanziert waren. Die nationale Goldgräberstimmung ist eingebrochen. Übrig geblieben sind wenige private Sender, die sich vor allem durch ein eigenständiges Konzept auszeichnen. Zu diesen gehört TeleZüri. Als Vorsteher des Hochbaudepartements kam ich im Zuge der Revision der BZO immer wieder mit TeleZüri in Kontakt. Das anspruchsvolle Thema konnte damals von den jungen VJs oft nicht richtig aufgenommen werden, sodass ich nicht selten bei der Formulierung von Fragen mithelfen musste. Mit der Zeit entstand ein «freundschaftliches» Verhältnis zum Sender und seinen Vertreter/innen. Die VJs haben zum Teil recht zugelegt – schön ist auch ihre Verbundenheit zur Stadt Zürich.
Politik muss der Bevölkerung kommuniziert und auch mit ihr diskutiert werden. Das ist eine wichtige Aufgabe. Die Medien helfen uns dabei, manchmal unterstützend und manchmal auch skeptisch. TeleZüri ist kritisch und hinterfragt. Es gab aber auch schon Momente, in denen ich mich ärgerte über die zu starke Vereinfachung oder auch Fokussierung – weg von der Sachfrage, hin zur Person. TeleZüri schafft es, Interviews und Gespräche ohne grosse Vorbereitung und mit einem VJ alleine aufzuzeichnen und in kurzer Zeit am Sender zu bringen. Das macht es mir möglich, auch flexibel zwischen zwei Sitzungen Interviews zu führen und rasch auf Anfragen zu reagieren.
Politik darf unterhaltend, anregend und soll auch kritisch kommuniziert werden, wenn die relevanten Fragen zur Sprache kommen. Sie soll aber nicht dem Zweck der Unterhaltung dienen. Ich trete wesentlich lieber im TalkTäglich auf als im SonnTalk. Wenn schwierige und komplexe Fragen öffentlich diskutiert werden (Flugverkehr, Stadion, Kulturpolitik usw.), schätze ich die Möglichkeit, in einer halben Stunde meine politische Position oder die Meinung des Stadtrates Zürich vertreten zu können. Ich bin auch interessiert, Meinungen und Positionen anderer Personen zu hören, die am politischen und gesellschaftlichen Prozess teilnehmen und sich engagieren.
Die Reaktionen auf meine TeleZüri-Auftritte sind sehr zahlreich und unterschiedlich. So wie einige Zuschauer/innen die Sendungen zustimmend oder klärend aufnehmen, gibt es selbstverständlich immer Zuschauerinnen und Zuschauer, welche meinen Aussagen nicht zustimmen und dies entsprechend

kundtun. Aber das ist eben ein wichtiger Teil unserer politischen Kultur, in der alle ihre Meinung äussern können.
TeleZüri ist heute ein viel beachtetes Medium in der Region Zürich. Der Sender beeinflusst ganz sicher das Abstimmungs- und Wahlverhalten der Bürger/innen in Zürich. Insofern ist sein politischer Einflussfaktor recht beachtlich. Die Moderator/innen und Reporter/innen von TeleZüri sind inzwischen lokale Bekanntheiten und Sympathieträger/innen.

Elmar Ledergerber, Stadtpräsident von Zürich. 24.6.2004

Zwischen den Medien und der Politik besteht ein Wechselspiel: Die Politik löst über die Medien politische Diskussionen aus, die der Entscheidungsfindung dienen. Auch brauchen die Politikerinnen und Politiker die Medien, um ihre Botschaften an die Bevölkerung zu bringen. Genauso aber sind die Medien auf die Politik, die zu den wichtigsten Nachrichtenlieferanten gehört, angewiesen. In einer Zeit, in der wir immer weniger in der Lage sind, Erfahrungen mit den eigenen Augen zu machen, ist unsere Wirklichkeit zunehmend die, die uns die Medien vermitteln. Auch wenn kein böser Wille bei den Medienschaffenden vorhanden ist, kann es Verzerrungen oder Gewichtsverschiebungen geben. Deshalb besuche ich gerne Veranstaltungen, wo ich den direkten Kontakt zu Bürgerinnen und Bürgern habe. Und zwar einen Kontakt, der auf Gegenseitigkeit beruht. Hier kann ich eine Botschaft direkt übermitteln, und hier erfahre ich ebenso direkt, «wo der Schuh drückt». Dennoch, es braucht die verschiedenen Medien, und es braucht eine Medienvielfalt, die die verschiedenen Regionen mit ihren Anliegen abdeckt. TeleZüri als das älteste, mittlerweile gut verankerte und professionelle Privatfernsehen der grössten Agglomeration der Schweiz ist eine Bereicherung in dem von *SF DRS* dominierten Markt. TeleZüri bringt die Aktualität dieser Region an die Bevölkerung und leistet damit einen wesentlichen Beitrag zu deren Selbstvertrauen und Selbstverständnis. Für mich ein Medium, das nicht mehr wegzudenken ist.

Rita Fuhrer, Regierungsrätin Kanton Zürich. 28.6.2004

Es gibt keine anderen öffentlichen Auftritte, auf die ich mehr und intensivere Reaktionen bekomme, als diejenigen bei TeleZüri. Was dort diskutiert wird, ist für die Region Zürich und für die ganze Schweiz von Bedeutung. Ich mag TeleZüri und seine Macherinnen und Macher. Sie sind kompetent, schnell und kreativ. Und ich finde, dass sie auf das, was sie in den letzten zehn Jahren erreicht haben, ganz schön stolz sein können. Herzliche Gratulation und alles Gute für die Zukunft!

Mario Fehr, SP-Nationalrat. 16.6.2004

TeleZüri und *SF DRS* sind wie «fascht e Familie». Auch in einer Familie sind nicht alle gleich, und dennoch gehören sie zusammen. Das gilt auch für TeleZüri und *SF DRS*. Seit zehn Jahren berichtet, kommentiert und diskutiert TeleZüri über die wichtigsten Ereignisse im Grossraum Zürich. Herzlichen Glückwunsch und weiterhin viel Erfolg.

Ingrid Deltenre, Direktorin *Schweizer Fernsehen DRS*. 7.9.2004

---

100 Jahre FIFA, 10 Jahre TeleZüri: 2004 ist eindeutig das Jahr der Jubiläen. Journalistisch gepflegt, informativ und unterhaltend zugleich, hat sich TeleZüri in den ersten zehn Jahren seines Bestehens zu einem festen Wert der Zürcher und der Deutschschweizer Medienszene entwickelt.
Als FIFA-Präsident und als Privatmensch Sepp Blatter habe ich die Gespräche und Interviews im TalkTäglich und im SonnTalk immer als anregend und bereichernd empfunden – ein Gütezeichen für die Qualität der Moderation. Feedback aus meiner näheren und ferneren Umgebung gab es immer. Das ist ein Beweis dafür, dass man wohl global planen und agieren kann, aber das Lokale nie aus den Augen verlieren darf.

Sepp Blatter, FIFA-Präsident. 14.6.04

TeleZüri hat eine Nische gefunden, die wir von *SF DRS* nicht abdecken können. Für mich als Zürcherin ist der Sender eine willkommene und interessante Ergänzung. Ich zappe immer wieder gerne ins Programm rein.

Katja Stauber, Moderatorin *Tagesschau SF DRS*. 6.8.2004

Es geht auch ohne Sex. Es geht ohne Kunst, Literatur und Philosophie. Es geht auch ohne TeleZüri. Aber es ist irgendwie spannender mit.

Frank Baumann, Werber. 20.7.2004

Der Circus Knie lebt von Emotionen, von Gefühlen und lebendigen Eindrücken. TeleZüri auch. Gerade deshalb war und ist die Zusammenarbeit immer so optimal. Die Macher von TeleZüri verstehen es, für uns der ideale Partner zu sein. Aus der Zusammenarbeit zwischen dem Circus Knie und TeleZüri sind längst Freundschaften entstanden. Der Circus Knie freut sich auf die weitere Zusammenarbeit.
Franco Knie, Technischer Direktor Circus Knie. 5.8.2004

TeleZüri ist das bei weitem am professionellsten gemachte Regional-TV. Wie oft habe ich meinen Redaktionskonferenzen die Frage «Wen hatte TeleZüri im Talk?» oder «Was hatte TeleZüri in den News?» schon gestellt. Ich war bisher drei- oder viermal selber Gast im TalkTäglich. Es war jedes Mal frappant, wie viele Menschen mich in den Tagen danach auf den Auftritt ansprachen. Ich frage mich darum: Was haben all diese Menschen gemacht, BEVOR es TeleZüri gab?
Marc Walder, Chefredaktor *Schweizer Illustrierte*. 27.7.2004

Mit Tränen verabschiedeten wir Tele 24. Als SonnTalk-Gast war für mich die Sache ohne Moderator Markus Gilli erledigt. Meine Loyalität zu ihm war stärker als meine Lust auf SonnTalk im neuen TeleZüri unter neuer Moderation. Auch wenn es mich schmerzte. Ich vermisste den sonntäglichen Kick, die Challenge. Als er nur wenige Monate später wieder die unschlagbar geistreiche und scharfzüngige Moderation des SonnTalk übernahm, spürte ich wieder das SonnTalk-Feuer, das bis heute seit bald vier Jahren anhält.
TeleZüri schreibt unter der Leitung von Chefredaktor Markus Gilli eine unerreichte Erfolgsgeschichte. Auch ausserhalb der Sendegebiete sprechen mich Menschen immer wieder darauf an, wie sehr sie es bedauern, dass sie Sendegefässe wie SonnTalk oder TalkTäglich seit der Schliessung von Tele 24 nicht mehr empfangen können. Für uns Zuschauer liefern die ZüriNews zudem rasant rasche, meinungsbildende und oft erfrischend «andere» Impulse zu den staatlichen Informationsgefässen. Ich liebe dieses TeleZüri, seinen SonnTalk, das TalkTäglich und die Menschen vor und hinter den Kulissen, die dieses Medium professionell fliegen lassen und beweisen, wie lebendig, lebensnah und leidenschaftlich Fernsehen auch im lokalen Rahmen sein kann! Bleibt zu hoffen, dass es zum expansiven nationalen Wettbewerber wird.
Sonja A. Buholzer, Wirtschaftsberaterin und Buchautorin. 27.5.2004

Innovativ und nah an den Menschen war das Programm aus dem Zürcher Steinfels-Areal von Beginn an. In den letzten Jahren ist es laufend professioneller und noch spannender geworden. TeleZüri – das ist mit grossem Abstand bestes Schweizer Regionalfernsehen. Zürich ohne TeleZüri: längst unvorstellbar!
René Hildbrand, Chefredaktor des TV-Magazins *TR7*. 13.8.2004

Ich habe in der mittlerweile mehrjährigen Zusammenarbeit mit TeleZüri beziehungsweise Tele 24 selbstverständlich immer wieder Vergleiche zu unserem staatlichen Monopolfernsehen gezogen und beim Zürcher Privatsender ganz entschieden eine grössere Professionalität festgestellt. Dies betrifft selbstverständlich nicht den technischen Aufwand, das Dekor, den Personalaufwand usw., alles Bereiche, in denen es sich natürlich auswirkt, dass die Finanzmittel an der Heinrichstrasse einen winzigen Bruchteil zu jenen am Leutschenbach ausmachen. Es betrifft aber die Art und Weise, wie die Fernsehmacher an die Fakten, Geschichten und Hintergründe herangehen. Bei TeleZüri verspüre ich grössere journalistische Professionalität insofern, als nicht die vorgefasste Meinung und das persönliche ideologische Korsett des Journalisten im Vordergrund stehen, sondern die Neugier am tatsächlich Geschehenen, am Authentischen, am Persönlichen und natürlich an der zeitgerechten Aufarbeitung. Und so vergeht denn kaum ein Abend, an dem ich nicht kürzere oder (meist) längere Zeit TeleZüri konsumiere.
Die Sendung SonnTalk hat sich trotz oder gerade wegen des einfachen Konzepts zweifellos zu einer Art Flaggschiff von TeleZüri entwickelt. Für uns Politiker der verschiedenen Parteien handelt es sich um ein einzigartiges Gefäss, um unsere Meinung in Rede und Gegenrede ohne Filter und direkt ans Publikum zu tragen. Wer seine Botschaft nicht in wenigen Sätzen auf den Punkt bringt, geht unter – und hat auch nichts Besseres verdient. Selbstver-

ständlich sind Köpfe und Meinungsrichtungen mit klarer Überzeugung gegenüber den Wischiwaschi-Positionen im Vorteil – was ich keineswegs bedauere und was der politischen Auseinandersetzung nur gut tun kann.
Was das Personal vor und hinter der Kamera betrifft, so habe ich mit TeleZüri nur angenehme und erfreuliche Erfahrungen gemacht. Dies gilt auch für einen SommerTalk im August 2003 im Garten meines Hauses. Die Kontakte zum aufgestellten Fernsehteam haben bei meinen eigenen zwei Kindern Maurice und Michelle sowie bei einer zahlreichen jugendlichen Nachbarschaft grossen nachhaltigen Eindruck hinterlassen. Das Interview mit Markus Mager ist meiner Frau und mir in bester Erinnerung geblieben. Markus Gilli und Hugo Bigi, mit denen ich im Laufe der letzten fünf Jahre Kontakt hatte, zähle ich zu den sachkundigsten News-Leuten in unserem Land. Am häufigsten waren meine Begegnungen mit Chefredaktor Markus Gilli, dessen Direktheit, Tempo, Witz und hartnäckiges Hinterfragen aller politischen Positionen ich sehr schätze.

Christoph Mörgeli, SVP-Nationalrat. 27.5.2004

Wer wie ich ein nahezu missionarisches Sendungs-bewusstsein hat, liebt den Sender TeleZüri. Zwar hatte ich nie vor, ein «local hero» zu werden, eher schon eine Zürcher Variante einer Gerechtigkeits-kämpferin im Taschenbuchformat! Mit Hilfe von TeleZüri sind mir wahrscheinlich zwei Dinge gelungen: Die regelmässigen Zuschauerinnen und Zuschauer vom SonnTalk mögen bemerkt haben, dass nicht alle «Goldküsten-Frauen» gegenüber den sozialen Problemen der Gesellschaft gleichermassen gleichgültig sind und dass es sich lohnt, mit ein wenig Zivilcourage am und ausserhalb des Bildschirms zu den eigenen Überzeugungen zu stehen. Ich wünsche mir, dass es TeleZüri auch in Zukunft gelingt, möglichst vielen Menschen wie mir Mut zur eigenen Meinung zu machen, und dass es möglichst vielen Menschen Gelegenheit gibt, diese über den Sender zu artikulieren.

Ellen Ringier. 17.6.2004

Für mich ist TeleZüri trotz seines jugendlichen Alters aus der Stadt so wenig wegzudenken wie das Grossmünster. Ihr seid so am Puls der Zeit, dass ihr mich schon nach Kommentaren zu Urteilen gefragt habt, bevor ich diese erhalten hatte. Es ist eine echte Herausforderung, dann aus dem Stegreif zu antworten. Apropos Stegreif: Ich liebe eure Livesendungen. Nirgends kommen Gedanken so spontan zum Ausdruck, und eure Moderatoren haben auch den nötigen Pep. Da darf man auch einmal etwas Freches anbringen wie zum Beispiel meinen Wunsch an die Schweizer Wirtschaft, dass in Zukunft mehr ehemals Kriminelle zu Managern werden mögen als Manager zu Kriminellen.

Valentin Landmann, Anwalt. 8.7.2004

Seit dem Aufschalten von TeleZüri vor 10 Jahren hat sich die Medienarbeit der Polizei stark ver-ändert. Waren bisher vor allem unsere Stimmen im Radio und Aussagen in den Printmedien gefragt, kann sich der Zuschauer seitdem auch ein Bild des Polizeisprechers machen. Die Videojournalisten holen ihre Informationen nicht einfach am Telefon ein, sondern erscheinen selbst am Ort des Geschehens, wo sie durch die Medienverantwortlichen betreut werden wollen. Unsere Arbeit ist dadurch nicht einfacher, aber vielseitiger, attraktiver und spannen-der geworden. Vor allem Livesendungen und Stellungnahmen im TalkTäglich sind jeweils grosse Herausforderungen für jeden Pressesprecher und jede Pressesprecherin. Nach anfänglichen gegen-seitigen Berührungsängsten, holprigen Statements, aber auch abgeschnittenen Köpfen und unmöglichen Bildern haben wir uns relativ rasch gefunden und akzeptieren uns heute gegenseitig als Partner.
Für die gute Zusammenarbeit und grösstenteils faire Berichterstattung von TeleZüri möchte ich mich bedanken und freue mich weiterhin auf gute Sendungen mit oder ohne Stadtpolizei Zürich.

Marco Cortesi, Mediensprecher Stadtpolizei Zürich. 28.7.2004

Wenige Stunden nachdem ich vor zwei Jahren zum Chefredaktor des *Tages-Anzeigers* ernannt worden war, meldete sich Markus Gilli und forderte mich auf, am TalkTäglich über meine Pläne, Ideen und Ambitionen für den *Tages-Anzeiger* zu berichten. In dieser Sendung machte ich einen folgenreichen Fehler: Ich teilte den Zuschauern mit, sie könnten sich jederzeit mit Vorschlägen und Kritiken per

E-Mail an mich wenden. Selbstverständlich hatte ich nicht bedacht, wie eng die Bindung zwischen einer Lokalfernsehstation von der Qualität von TeleZüri und ihren Zuschauern ist. Seither überschwemmen mich nach jeder Sendung E-Mails, deren Gesamtzahl mittlerweile längst über 1000 liegt.

Das Aufspüren des Meinungsklimas und die Entdeckung von Emotionen sind entscheidende Erfolgsfaktoren von TeleZüri. Jedes Mal, wenn ich von einem TalkTäglich oder von einem SonnTalk zurück in die Redaktion des *Tages-Anzeigers* fahre, erwarten mich Dutzende von Mails mit Urteilen und Meinungen von empörten oder lobenden Zuschauerinnen und Zuschauern, die meist auch Leser des *Tages-Anzeigers* sind. Diese Sensibilität für die Befindlichkeit der Menschen im Millionen-Zürich ist aber nur der eine Erfolgsfaktor von TeleZüri: Ich stelle immer wieder fest, wie sehr TeleZüri die Meinungsbildung im Millionen-Zürich mitbeeinflusst. Kommunale und kantonale Abstimmungen, aber auch gesellschaftliche Themen und Thesen werden durch Sendungen von TeleZüri in der breiten Bevölkerung diskutiert. In diesem Sinne ist TeleZüri aus der Medienlandschaft der Schweiz nicht mehr wegzudenken. Der Sender ist ein kleiner Beitrag in der sonst so kümmerlichen privaten Fernsehszene unseres Landes. Und mit «klein» meine ich: TeleZüri erzielt mit erstaunlich geringen Mitteln eine unglaublich hohe Wirkung.

Der Taschentuch-Versand beweist es: Bei meinem letzten TalkTäglich glaubte ich, von der Werdstrasse (*Tages-Anzeiger*) ins Studio von TeleZüri mit dem Auto fahren zu müssen. Ein veritabler Verkehrsstau zwang mich, mein Auto (illegal) an der Langstrasse abzustellen und im Laufschritt noch rechtzeitig ins Studio zu eilen. Das Ergebnis: Ich schwitzte während der Sendung wie noch nie – und dies für einmal nicht wegen der unbotmässigen Fragen von Markus Gilli. So viele Taschentücher wie tags darauf habe ich in meinem Leben noch nie zugeschickt bekommen.

Peter Hartmeier, Chefredaktor *Tages-Anzeiger*. 5.7.2004

Dieser Sender ist eine Wundertüte. Was aus dieser hervorgezaubert wird, wird von SF DRS gerne übernommen. Da fallen mir Namen ein von Eva Wannenmacher bis Daniela Lager. TeleZüri: die TV-Talentschmiede der Deutschschweiz auch für den grossen Bruder am Leutschenbach. Ich hoffe, dass sich die SRG zum Jubiläum dafür mit einem grossen Blumenstrauss bedankt. Oder sie soll sich in Zukunft mit «Transferabgeltungen» erkenntlich zeigen. Bei TeleZüri gibt es ja eine prima Wetterfee ...

Kurt Felix, Fernseh-Autor und Moderator. 17.7.2004

TeleZüri ist nah, ganz nah bei den Bürgerinnen und Bürgern und heute ein Medium, auf das im Kanton Zürich niemand mehr verzichten möchte. Ihre Sendungen tragen wesentlich dazu bei, dass sich auch bildungsfernere Menschen aktiv für das politische Geschehen interessieren und die Meinungsbildung zu aktuellen Themen prägend stattfindet. Menschen aus allen Schichten sprechen mich nach einem Auftritt im SonnTalk oder im TalkTäglich an, bedanken sich oder kommentieren meine Aussagen und die Sendungen aktiv. Gerade auch kritisches Feedback zu erhalten, ist für eine Politikerin wichtig und lässt einen nicht abheben, sondern nahe bei den Sorgen und Realitäten der Zürcher und Zürcherinnen bleiben. Die Zusammenarbeit mit TeleZüri ist für mein berufliches und politisches Wirken von Bedeutung. Ich wünsche dem Sender und Ihnen allen weiterhin viel Erfolg; Sie machen einen echt guten Job!

Doris Fiala, Präsidentin FDP Kanton Zürich. 22.6.2004

TeleZüri erlebe ich nicht nur als Unterhaltungssender, sondern vermehrt auch als starkes Medium im Bereich politische und gesellschaftliche Meinungsbildung für Bürgerinnen und Bürger. Diesen Einfluss habe ich auch persönlich nach jedem Auftritt gespürt. Die Resonanz seitens meiner Gäste war stets positiv. Vor allem die steigende Anzahl weiblicher Gäste im Restaurant Sonnenberg nach meinen TeleZüri-Auftritten hat mich immer ganz besonders gefreut.

Jacky Donatz, FIFA-Restaurant Sonnenberg. 9.7.2004

Zur Arbeit der Kantonspolizei Zürich gehört es heute nicht mehr nur, bei einem Verkehrsunfall die Tatbestandsaufnahme durchzuführen und die Unfallursache zu eruieren, sondern immer wichtiger geworden ist auch die Betreuung der Medien. Manchmal sind die Interessen von Polizei und Videojournalisten unterschiedlich – und die Journalistinnen und Journalisten kommen uns nicht immer wie gerufen. Die Mitarbeitenden von TeleZüri haben wir aber durch ihre faire Berichterstattung schätzen gelernt. Wir danken ihnen dafür und hoffen, dass es so bleibt.

Hans Baltensperger, Chef der Verkehrspolizei. 7.7.2004

In sechs Monaten spricht niemand mehr von der SRG. Dann seid ihr die Stars. Sagte unser Coach Michael Rosenblum vor 10 Jahren. Wir glaubten es. Wir waren die ersten VJs der Schweiz. Wir hatten keine Ahnung vom Fernsehen, aber umso mehr Selbstbewusstsein. Wir machten alles. Moderieren, recherchieren, filmen, texten, vertonen. Wir waren fast immer am Anschlag, aber es war die aufregendste Zeit meines Berufslebens. Ohne TeleZüri hätte ich ein paar Nerven mehr, aber viele gute Erfahrungen weniger.

Reto Brennwald, Moderator *Rundschau SF DRS*. 28.7.2004

TeleZüri ist von Anfang an aggressiv und selbstbewusst aufgetreten. Hat immer direkt auf den Mann gespielt und war immer am Ball.

Christian Gross, Trainer FC Basel. 8.7.2004

Im Gegensatz zu den SRG-Sendern, die wie Leitungswasser reichlich und bequem ins Haus geliefert werden, hat es mir TeleZüri nie leicht gemacht. An meinem kabellosen Wohnort war der Sender nicht zu empfangen – ich musste mir den Stoff jeweils einzeln per Kassette besorgen, und der Dealer hiess zuweilen Roger Schawinski. Zum Dank habe ich ihn dann regelmässig auf *SF DRS* gehypt, allerdings mit Perücke und Selbstbräuner.

Viktor Giacobbo, Kabarettist. 12.8.2004

Meine Auftritte bei TeleZüri beruhen auf einer Enttäuschung. Sie hat einen Namen: Roger Schawinski. Als er seine im Umkreis von 150 km berühmten Radio- und TV-Sender gründete, versprach er mehr und bessere Information. Wenig von dem wurde realisiert, mehr, viele Jahre später, von Markus Gilli, der heute zu einem wichtigen Teil der Zürcher Identität geworden ist.
Ohne TeleZüri wüssten wir nicht, wie schlecht das offizielle Schweizer Staatsfernsehen wirklich ist. Wir ahnen, wenn wir die Redaktoren und Redaktorinnen von TeleZüri sehen und hören, wie viel reicher unser Land an Vorgängen ist, von denen wir sonst nichts erfahren würden. Natürlich sind die TalkTäglichs und SonnTalks ganz besonders wichtig, weil es Markus Gilli geschafft hat, das blasse Bild der offiziellen Politikdarstellung zu durchbrechen. Sein Mut und Können ist auch dann beachtlich, wenn wir uns noch mehr davon wünschen; aber, darf man das?
Mich selbst reizte bei meinen Auftritten stets die Herausforderung, meine Erfahrung, mein Wissen an der Meinung anderer kluger Leute, die schlagfertig sind, zu messen. Erst in der direkten Konfrontation wird erkennbar, wer politisch täuschen will oder über die besseren Argumente verfügt. Werner Marti, der frühere Preisüberwacher, ein so genannter Sozialdemokrat, war die sicher grösste Enttäuschung. Er hat das Selbstverständnis eines Bergschultheissen, der jeden modernen Tell, der sich gegen seine Meinung stellt, sofort aufknüpfen liesse. Welche Eleganz hat dagegen Christoph Blocher, der genau weiss, wann sich ein starker Einsatz lohnt. Nur Ernst Mühlemann, unser ehemaliger Schatten-Aussenminister, kommt ihm einigermassen nahe, hat aber wegen seiner Intelligenz nicht die robuste Brutalität, die einen echten Machtpolitiker auszeichnet.
Markus Gilli ist, was gute Chefs auszeichnet, eingebettet in ein Team ausgezeichneter und sehr fleissiger Mitarbeiter. Auf diesem elastischen Trapez kann er seine Kunststücke aufführen. Ich habe viel davon profitiert, diesen «Medien-Zirkus» aus der Nähe erleben zu dürfen.

Klaus J. Stöhlker, Unternehmensberater für Öffentlichkeitsarbeit. 15.6.2004

TeleZüri hat, zusammen mit anderen Medien, eine wichtige Bedeutung für das Leben im Kanton Zürich, weil es Themen und Köpfe zeigt. Für mich als Politiker sind Auftritte im TalkTäglich und im SonnTalk ein «must».

Filippo Leutenegger, Nationalrat FDP und CEO Jean-Frey-Verlag. 15.6.04

TeleZüri war der Beginn meiner Fernsehkarriere. Und gleich einer der Höhepunkte. Arbeiten im Ausnahmezustand: schnell, intensiv, hart, schön. Gut, ist es vorbei. Schade, ist es vorbei.

Urs Leuthard, Moderator und Redaktionsleiter *Arena, SF DRS*

Es war mein erster TV-Auftritt. Ein Streitgespräch mit österreichischen Buchautorinnen über ihre abenteuerlichen Theorien zur Kindererziehung; ich damals Chefredaktor der *Schweizer Familie*. Am Mittag erhielt ich die Anfrage für die Sendung vom Abend. Improvisation in der Pionierzeit des Senders. Ein Kribbeln bei allen, ob es gelingt. Das Resultat: spontan, lebendig, nah am Alltag des Publikums. TeleZüri hat viel von diesem Geist bewahrt. Fernsehen auf Augenhöhe seines Publikums – das wünsch ich mir auch in Zukunft.

Andreas Durisch, Chefredaktor *Die SonntagsZeitung*. 30.7.2004

TeleZüri hat die Medienlandschaft belebt. Als Lokalsender ist es heute prägend. Durchaus eine sinnvolle und nötige Ergänzung zur SRG. Dank TeleZüri gibt es eine politische Lokalberichterstattung im Fernsehen, die in diesem Umfang bislang fehlte. Aber nicht nur eine politische Berichterstattung: Das Leben der Grossregion Zürich, der Alltag auf der Strasse, in Gerichten, im Sport, das, was bewegt, findet auf dem Bildschirm Widerhall. Das widerspiegelt sich im TalkTäglich, in den Nachrichten. Natürlich mit viel Show-Prominenz. Wer kommt heute schon ohne Quoten aus. Im Übrigen meine ich nicht, TeleZüri sei ein besonders linker Sender. Zuweilen ärgere ich mich über etwas allzu modische Inszenierungen von «Tagesthemen». Solange TeleZüri indes die politische Pluralität wahrt, nicht im Sinne von Quoten, sondern von offener Berichterstattung, kontroverse Standpunkte real vorkommen, genügt mir dies. Natürlich finden laufend Reduktionen statt, Pointierungen. Das ist ja auch in andern Sendern so. Ich finde es okay, ist TeleZüri nicht einfach die Fortsetzung des TA mit anderen Mitteln. TeleZüri lebt aber auch davon, dass es erstaunlich viele gute Leute hat, bei den erstaunlich wenigen, die das Programm täglich produzieren. Natürlich tönt dieses Lob von einem Talkshowteilnehmer verdächtig, Lobhudelei. Vielleicht wird aber TeleZüri auch der erste Sender sein, der merkt, dass Talkshows alsbald zum Auslaufmodell werden, denn wo man hinschaut, nichts als Talkshows – und alles war umsonst.

Daniel Vischer, Nationalrat Grüne Partei. 16.6.2004

TeleZüri steht für knallharte Interviews, investigative Fragen, innovativen Journalismus. Die Region Zürich ohne TeleZüri wäre wie Küsnacht ohne die Kunststuben.

Horst Petermann, Maître de cuisine. 11.8.2004

Sowohl als Zuschauer wie als Teilnehmer an verschiedenen Sendungen schätze ich TeleZüri sehr. Ohne TeleZüri und seine Sendungen wäre Zürich gesellschaftlich und politisch um vieles ärmer. An TalkTäglich schätze ich den direkten Kontakt mit dem Publikum. Dieser direkte Kontakt ist eine Trumpfkarte, über die kein anderer Sender verfügt. Durch diesen Kontakt ist man als Teilnehmer unmittelbar über das Interesse der Zuschauer im Bilde. Nach den Sendungen erhalte ich Reaktionen der Zuschauer per Telefon oder werde auf der Strasse angesprochen. Auch dies ist die Folge der Gestaltung von TalkTäglich. Die Tatsache, dass TeleZüri die News wiederholt, trägt zur vertieften Information der Zuschauer bei. Macht weiter so, und bleibt dadurch auf Erfolgskurs.

Prof. Dr. Albert A. Stahel, Strategie- und Sicherheitsexperte. 16.6.04

Roger war für mich der Che Guevara der Schweiz. Das ist sein Übername geblieben. Ich kenne ihn seit über 30 Jahren und war immer fasziniert von seiner Persönlichkeit und Männlichkeit. Schon von Anfang an. Ich bin die Einzige, die ihn davon überzeugen konnte, mir vor laufender Kamera einen Kuss auf den Mund zu geben. Ich vermisse ihn sehr am Bildschirm.

Nella Martinetti, Unterhalterin. 21.7.2004

TeleZüri hat mich fernsehmässig entjungfert. Nachdem ich 1996 zur Miss Schweiz gekrönt worden war, gab ich meine allerersten Fernsehinterviews auf TeleZüri. Mir gefiel die lockere, entspannte Atmosphäre. Und das ist bis heute so geblieben.

Melanie Winiger, Schauspielerin, Model und Ex-Miss-Schweiz. 18.8.2004

TalkTäglich. Vom Druck, immer den richtigen Gast zu haben

6. November 1997, kurz vor 17 Uhr im Büro der TalkTäglich-Redaktion. Ein Anruf. Produzentin Regina Buol nimmt den Hörer ab: «Was? Er kommt doch nicht? Seine Frau auch nicht?» Ihr stockt der Atem.

Dienstag, 25. Mai 2004, 17.26 Uhr. Sihlmätteli.
«Was habe ich schon in der Regie Blut und Wasser geschwitzt, wenn ein Gast nicht reden wollte, nur einsilbige Antworten herausrückte.»
Regina Buol, Produzentin TalkTäglich

> Der Talk fällt aus. Zum allerersten Mal. Ausgerechnet heute, wo Schawinski nicht da ist. Ausgerechnet heute, wo lebende Weltgeschichte im TalkTäglich stattgefunden hätte. Michail Gorbatschow, der ehemalige und letzte Präsident der Sowjetunion, hat abgesagt. Das heisst, sein Betreuerstab hat soeben abgesagt. Der hat auch für seine Ehefrau Raissa abgesagt. Beide seien schon aus der Schweiz abgereist. «Super!», hört man Regina Buol durch die Redaktion rufen. Alles wäre vorbereitet gewesen. Jedes Detail. Bis zum Dolmetscher. Und jetzt das. Wo soll sie in so kurzer Zeit einen Ersatzgast auftreiben?

Der Autor dieses Buchs, der als Talker für die heutige Sendung vorgesehen ist, findet auf seinem Pult eine CD. Schon seit vier Wochen liegt sie da. Musik von Kurt Weil – nicht die vom Komponisten der Dreigroschenoper. Der würde ihm jetzt auch nichts nützen, da er schon seit 1950 tot ist. Nein, die CD ist die Neue vom Zürcher Jazzmusiker Kurt Weil. Ein alter Bekannter aus früheren gemeinsamen Radiozeiten. Den ruft er jetzt an. «Kurt, heute ist deine Chance – du bist Gast im TalkTäglich. Und stell dir vor: für Gorbatschow. *Kurt Weil sitting in for Gorbatschow!*» Weil fühlt sich überrumpelt. Findet aber, einem Kollegen könne man schon einmal aus der Patsche helfen. Und wann werde ein Zürcher Jazzmusiker schon ins Fernsehen eingeladen. Abgesehen davon: Ersatz für Gorbatschow zu sein, sei ja auch nicht das Schlechteste. Sagts und trifft eine Stunde später – samt Vibrafon – im Studio ein. Der Talk und der Tag sind gerettet.

Roger *home alone* und der Pappmann

Wie schafft ihr das nur, jeden Abend einen Gast im Studio zu haben? Das werde sie immer wieder gefragt, erzählt Regina Buol. Seit Mai 1996 ist die Zürcherin («ich bin ein Schwamendinger Kind») in der Talk-Produktion am Ruder. Bis heute ist noch keine einzige Sendung ausgefallen. Gut, einmal – es war der 10. Juli 1997 – blieb der Gast aus. Eingeladen war Emil Grabherr. Der SVP-Politiker sorgte damals mit seinen provokativen Vorstössen gegen den Muslim-Friedhof in Altstetten und seiner Stadtratskandidatur für Aufregung. Grabherr sagte kurzfristig ab. Irgendwie, erinnert sich Buol, kam die Absage Roger Schawinski gelegen. Der beauftragte nämlich seine Produzentin, an Stelle von Grabherr einen Papp-Kameraden zu basteln. Was sie auch tat. Mit sichtlichem Genuss habe er in der Sendung erwähnt, dass Grabherr kurzfristig abgesagt habe. Und darum in Form eines Pappmannes auf dem Stuhl sitze. Schawinski erfand sein erstes *Roger home alone*, eine Art «Dr. Rogers Sprechstunde». Ein Format, das er schon in ganz frühen Radio-24-Zeiten als sonntägliches «Hörer-Mik» erprobt hatte. Die Zuschauer nutzten die einmalige Gelegenheit, ihrem Roger Fragen zu stellen. Ihn vor allem mit Komplimenten einzudecken. Schawinski gefiel sich gut in dieser Rolle und wiederholte das *home alone*-Konzept auch in späteren Tele-24-Zeiten. Grabherr habe seine Absage kurz vor Sendung noch rückgängig gemacht, betont Regina Buol, aber Schawinski kein Interesse mehr daran gezeigt.

Mit kurzfristigen Absagen hat sie während der letzten acht Jahre leben gelernt. Auch sie sage immer wieder kurzfristig ab. Ist der heutige Gast der richtige? Wer und was interessiert wirklich? Diese Fragen stelle sie sich alle zehn Minuten. Schon morgens zu Hause. Spätestens beim Zähneputzen. Der Druck, den richtigen Gast, das richtige Thema am richtigen Abend zu haben, ist immens. Das TalkTäglich – und damit ist in erster Linie die Einschaltquote gemeint – steht und fällt mit dem richtigen Gast zur richtigen Aktualität. Und natürlich auch mit dem Interviewer. In den 10 Jahren TalkTäglich konnten sich erst drei Moderatoren langfristig bewähren: Schawinski, Bigi, Gilli. Der Erfolg von TalkTäglich hängt von ganz wenigen Personen ab. Buol: «Oft muss ich in Sekundenschnelle entscheiden, ob der Mann oder die Frau am Telefon ein valabler Gast für die Sendung ist. Ich muss spüren, ob er oder sie zwei, drei Stunden später in der Livesendung genauso gut kommunizieren kann wie bei mir am Telefon oder noch besser. Ob er oder sie fähig sein wird, die Argumente vor laufender Kamera authentisch, kurz und womöglich süffig rüberzubringen.»

---

28 Prozent Marktanteil und 210 Mal Sex

Fallen am Morgen in der Zürcher Kantonalbank am Tessinerplatz Schüsse, will am gleichen Abend auf TeleZüri kaum einer – oder eine – Brad Pitt im TalkTäglich sehen. Über 220000 Zuschauer verfolgten am 5. Juli 2004 die TalkTäglich-Diskussion zum tragischen Vorfall in der ZKB. Der Marktanteil zwischen 18.30 und 19 Uhr betrug 28 Prozent. Die ZüriNews um 18 Uhr verzeichneten sogar einen Marktanteil von 45 Prozent. TeleZüri war zu dieser Zeit in seinem

Sendegebiet einmal mehr mit Abstand die Nummer eins. Also vor *SF 1*.

Die Aktualität hat Vorrang. Diese Maxime gilt auch im TalkTäglich. Rund 2000 Interviews (TalkTäglich und SommerTalks – die Sommer-Outdoor-Variante) sind in den ersten 10 Jahren TeleZüri ausgestrahlt worden. Die Formel – personalisierte (lokale) Aktualität, gepaart mit Emotionalität – zahlte sich quotenmässig am besten aus. Internationale Topstars wie die Hollywood-Grössen Oliver Stone, Harrison Ford, Shirley McLane, Pierce Brosnan oder Pop-Superstars wie Tina Turner und Mariah Carey erzielten nie Top-Ratings. Sie waren kein *must*, höchstens *nice to have*, wie Roger Schawinski es zu sagen pflegte. Oft sind es Unbekannte, die wegen eines besonderen Erlebnisses, einer aussergewöhnlichen Eigenschaft oder einer vom Schicksal geprägten Geschichte die Zuschauer in den Bann ziehen. Ein gutes Beispiel dafür ist Kurt von Allmen. Der Zürcher wurde im März 2002 von einem Streifenwagen der Stadtpolizei als vermeintlicher Einbrecher an die Hauswand gedrückt. Von Allmen verlor bei dieser Aktion ein Bein. Die direkte und offene Art, mit der er im TalkTäglich über sein Schicksal sprach, sorgte für eine hohe Beachtung und löste eine Sympathiewelle für den Unglücksraben aus.

Die Talks, die den Leuten – aus welchen Schichten auch immer – am besten in Erinnerung blieben, seien jene, die viel Persönliches preisgeben, meint Regina Buol. Wenn noch eine Prise Sex dabei ist, dann erst recht. Viele könnten sich beispielsweise noch an eine gewisse Tina erinnern (Talkgast-Kategorie: Aussergewöhnliche Leistung). Die tolle Tina stellte sich einem zweifelhaften Wettbewerb. Sie hatte 210 Mal hintereinander Sex. Jedes Mal mit einem anderen Mann. Als die Sexarbeiterin im TalkTäglich ihre Leistung von Schawinski hinterfragen liess, seien viele Zuschauer entrüstet gewesen, erinnert sich Buol. «Dass wir in derselben Woche zum Beispiel auch noch Star-Trainer Ottmar Hitzfeld in der Sendung hatten, blieb kaum einem im Gedächtnis.»

Angsthasen und Hollywood

Die TalkTäglich-Produzentin dürfe keine Berührungsängste haben. Ob Pornodarstellerin oder Uriella, ob Bundesrat oder entlassener, verurteilter Mörder, ob Geissenhirt oder Schönheitskönigin – ihr Job sei es, zu flirten, hofieren, überzeugen, argumentieren, fordern und manchmal auch auf die Ehre zu pochen, meint Regina Buol. Als sie während des Champions-League-Höhenflugs des FC Basel dessen Regisseur Hakan Yakin zu einem Livetalk nach Zürich geladen hatte, wollte der drei Stunden vor der Sendung plötzlich absagen. Da geriet er bei Buol an die falsche Person. «Hakan, bei der Ehre deiner Mutter! Was würde deine Mutter sagen, wenn sie erführe, dass du erst zu einer Abmachung einwilligst und dann kurze Zeit später wieder absagst?», redete sie dem Starkicker ins Gewissen. Es nützte. Yakin trat an. Pünktlich, wie vorgesehen. Buol: «Man muss halt auf der ganzen Klaviatur der menschlichen Psyche spielen.»

Als Roger Schawinski noch voll am Drücker war, hätten einige Leute richtig Angst gehabt, zu ihm in die Sendung zu gehen, sich eine «Gratis-Abreibung» verpassen zu lassen (für den Auftritt im TalkTäglich gibt es nur eine Spesenentschädigung – auf Anfrage). Interessanterweise hätten sich einige der Angsthasen auch immer wieder geschmeichelt gefühlt. «Mein Glück war es, dass ich anfänglich auch Angst vor Schawinski hatte», gesteht Regina Buol. So habe sie die Ängste der Talkgäste gut nachvollziehen und dementsprechend nützliche Überzeugungsarbeit leisten können. Die Künstlerin Manon, zum Beispiel, habe vor dem Talk mit Schawinski in der Garderobe vor lauter Bammel geweint. Sie wisse nicht mehr, ob es wirklich Angst oder doch eher Taktik gewesen sei. Auf jeden Fall hätten die Tränen der armen Frau den vermeintlich erbarmungslosen Schawinski in die Rolle des gönnerhaften Sugardaddy verführt. Und alles kam gut.

In den ersten Monaten sei es schwierig gewesen, überhaupt gute Gäste in den Talk zu holen, erinnert sich Gabriella Sontheim. Schawinskis Ehefrau war die erste Produzentin der Sendung. Viele so genannte Meinungsmacher und Politiker hätten sich dezent geziert. Sie würden dann vielleicht später schon in den Talk kommen. Jetzt aber erst einmal abwarten. Solche Sprüche hörte sie am laufenden Band. «Die nahmen uns überhaupt nicht ernst», erinnert sich Sontheim. So war es nicht selbstverständlich, dass zum Senderstart am 3. Oktober 1994 ein Livegast dem sichtlich nervösen Talker Schawinski (im schwarzen Ledergilet) gegenübersass. Nico, der Tagi-Karikaturist, machte seine Sache anständig. Auch wenn er als Zeichner lustiger ist.

Sie und Roger hätten abends zu Hause stundenlang über mögliche Talkgäste diskutiert, sagt Gabriella Sontheim. Kaum hätten sie sich auf eine Person geeinigt, diese am folgenden Morgen telefonisch kontaktiert, sei Roger mit einer neuen Idee gekommen. Und alles ging wieder von vorne los. Unvergesslich blieben ihr Talk-Begegnungen mit Weltstars wie Hollywood-Diva Shirley McLane oder Magier David Copperfield. Die McLane musste erst mal leer schlucken, als sie sah, in welch bescheidenem Ambiente an diesem Ort Fernsehen gemacht wurde. Als das TeleZüri-Kameralicht über ihr hollywood-genormtes Gesicht hereinbrach, spielte die Dame alles andere als «Irma la Douce». Sie verlangte nach einem Frauenstrumpf – als zusätzlichen Weichmacher gegen das harte Licht. Auch der Magier hatte seine Macken. Copperfield verging plötzlich seine Magie, als er feststellte, dass die Sitzordnung für ihn ungünstig und folglich die Kamera nicht auf die Schokoladenseite seines Gesichts gerichtet war. Es wurde umgestellt.

Der zugeknöpfte Banker und der fidele Beckenbauer

Es sei interessant und lehrreich mitanzusehen, wie sich bekannte und berühmte Menschen vor und nach der Sendung benehmen, meint Regina Buol. Total relaxed und interessiert zeigte sich zum Beispiel Tina Turner, als sie von ihrem Fan Roger Schawinski durch die Redaktion und Studios geführt wurde. Ein Kränzchen winden möchte Buol hier auch einmal den Schweizer Politikern und Politikerinnen. Die seien in der Regel sehr höflich. Nicht nur vor Wahlen und Abstimmungen. Sie würden den Kameramännern die Hand zur Begrüssung schütteln und auch nach hartem Fight im Talk die Contenance gegenüber ihr und den anderen Mitarbeitern nie verlieren. Welches sind die schwierigen Gäste? Bei dieser Frage wollen sich Regina Buol und Katarina Vujadinovic, die seit bald drei Jahren Talks produzieren, nicht auf die Äste hinauswagen. Topmanager und hochrangige Wirtschaftsvertreter seien im Vergleich zu den Politikern diskreter und verschlossener. «Falls die sich überhaupt in die Niederungen eines Fernsehinterviews bewegen», meint Regina Buol und zitiert gleich ein «typisches» Beispiel:

Als sie am Sechseläuten-Montag in der trinkfreudigen Zünftermasse den UBS-Boss Marcel Ospel erblickte, bat sie ihn um eine spontane Teilnahme am TalkTäglich. Die Sendung fand live auf der Sechseläutenwiese statt. Natürlich war Buols Vorstoss für den seriösen Topbanker ein unverschämtes Angebot. «Ich hatte ja auch nichts anderes erwartet», sagt die Produzentin rückblickend. Als Herr Ospel dann plötzlich mit dem Finger auf Talker Markus Gilli zeigte und ihr zu verstehen gab, dass er «bei dem dort» sicher nicht in die Sendung gehe, stutzte sie. Ospels Aussage liess sie am Image der angeblich feinen, zurückhaltenden Schweizer Bankiers zweifeln. Was war geschehen? Am Abend vorher hatte Markus Gilli mit seinen Gästen im SonnTalk Ospels zweistelliges Millionengehalt diskutiert. Er habe die Kritik an seinem Gehalt schon mitbekommen, liess Ospel die verdutzte Buol freundlich wissen. «Ja eben, jetzt können Sie doch gleich selber dazu Stellung nehmen», wollte sie ihn noch überzeugen. Da war er schon weg.

Dabei hätte sich Marcel Ospel im Talk am Böögg-Barbecue vielleicht köstlich amüsiert. Franz Beckenbauer, einer von Gillis Livegästen, genoss sein Sechseläuten-Gaudi in vollen Zügen. Der Kaiser war Ehrengast der Zunft zur Neuen Hard und sprudelte nur so von Begeisterung. Als hätte nicht Werder Bremen, sondern Bayern München gerade die deutsche Meisterschaft gewonnen. Um ein Haar hätte es auch mit Beckenbauer nicht geklappt, erzählt Buol. Als sie bei der Zunft zur Neuen Hard nach einem Interview-Termin mit Franz Beckenbauer fragte, sei sie sich ins Medien-Mittelalter zurückkatapultiert vorgekommen. Wäre Beckenbauer früher als Spieler und Trainer so kompliziert und arrogant aufgetreten wie der Zunftvertreter am Telefon – aus dem Franz wäre nie ein Kaiser und aus Deutschland nie ein Weltmeister geworden.

Jackys Mezzalune und das Messer

Auch Katharina Vujadinovic ist der Meinung, dass der Weg zum gewünschten Talkgast öfter einer Ochsentour gleiche. Das härteste Stück Arbeit beim Buchen eines Gasts sei die Überzeugungsarbeit bei Vorzimmerdamen, Chefsekretärinnen, Kommunikationsassistenten und Medienspecherinnen. «Manche spielen sich auf, als wären sie die gefragte Person.» Einige hätten es noch immer nicht gecheckt, wie imagefördernd ein Auftritt im TalkTäglich sein könne. Dies merke man besonders gut im Sommer. Wenn TalkTäglich in der Version des SommerTalks jeweils während sechs Wochen auf Tournee gehe. «Dann sind oft wir die Gäste, und der Interviewte ist Gastgeber», sagt Regina Buol und weist warnend darauf hin, dass sich in der Frage der Gastfreundschaft Welten auftäten. Finde der Talk in einem Restaurant statt, weil der Interviewte sich dort heimisch fühle – oder gar selber der Besitzer sei –, wisse der Beizer natürlich um den Werbeeffekt der Sendung. Darum stösst es Regina Buol nach wie vor sauer auf, dass die ehemalige *10vor10*-Moderatorin Jana Caniga nach dem SommerTalk in ihrem Lokal in Wetzikon bei ihr noch rund 70 Franken einkassierte. Verrechnet wurden die Glaces für die Techniker und flaschenweise Mineral. «Übrigens auch das Wässerchen, das Frau Caniga während der Sendung getrunken hat.»

Von einer ganz anderen Welt kämen da ein Horst Petermann, ein Andi Stutz oder ein Jacky Donatz. Die hätten den willkommenen Werbeeffekt der Livesendung aus ihren Restaurants ja gar nicht nötig. Trotzdem sei die ganze Crew (immerhin rund 8 Leute) jeweils fürstlich bedient und zu einem Festessen – in Petermann's Kunststuben mit 19-Gault-Millau-Punkten – eingeladen worden. Als im Hitze-August 2003 der FIFA-Präsident Sepp Blatter – noch in Harmonie mit Frau Graziella und Hündlein Queenie – sich auf dem Sonnenberg durch den SommerTalk schwitzte, lud er anschliessend das ganze Team (samt Freundinnen und Kindern, sofern mit dabei) zu gekühltem Walliser Weissen und Jackys berühmten Mezzalune ein.

Im SommerTalk seien die Interviewten in der Regel einiges lockerer. Und die persönlichen Begegnungen mit ihnen oft auch herzlicher, sind sich die Produzentinnen einig. Es herrsche eine Art Ferienstimmung. Je nach Wetter. Im Studioalltag bleibe meist wenig Zeit für die Begegnungen mit den Gästen. Das kurze Rencontre mit berühmten oder berüchtigten Personen löse bei ihr schon mal Irritationen aus, meint Regina Buol. Als sie zum ersten Mal einem Mörder die Hand zur Begrüssung drückte, habe sie diese eine ganze Weile lang irritiert betrachtet. Andrerseits wähnte sie sich plötzlich als kleines Kind im Frottee-Pyjama auf dem Stubensofa, als Showmaster Rudi Carrell vor ihr stand. Seltsam zu Mute war der Produzentin, als sie Uriella ein Glas Mineralwasser ins VIP-Räumchen bringen wollte. Nicht etwa weil Uriella sie in jenem Moment keines Blickes würdigte. Nein, weil diese starr und penetrant zur Decke blickte. Sie war gerade dabei, sich vom göttlichen Nektar zu ernähren. Sagte Uriellas Mann und Manager Icordo.

Einmal habe sie richtig Schiss bekommen, erinnert sich Buol. Als Roger Schawinski und *Glückspost*-Chefredaktor Helmut-Maria Glogger in einem Talk Nella Martinettis Ex-Lover Hens Grubenmann «so richtig altväterlich» die Leviten gelesen hätten, sei dessen Freund und Musiker Paganini im VIP-Räumchen total ausgeflippt. Nachdem er zuerst Schawinski verbal bedroht hatte, setzte der Aufgebrachte der Produzentin doch tatsächlich ein Messer an den Hals. Weil sie die Spesen nicht sofort cash auszahlen konnte. Glücklicherweise sei weiter nichts passiert. Die Wogen hätten sich dann schnell geglättet.

Schulterklopfen und Tränen

In den meisten Fällen gehe es nach einem TalkTäglich in der Garderobe friedlich zu und her. Selbst wenn in der Sendung so hart debattiert werde, dass die Zuschauer das Gefühl hätten, der Interviewte würde nachher vor Wut schnaubend aus dem Studio stürzen. Sie habe schon mehrmals beobachtet, dass sich Moderator und Gast gegenseitig auf die Schultern klopften, kaum war das Studiolicht erloschen. Natürlich sei das nicht immer der Fall. Berühmtestes Beispiel ist wohl das TalkTäglich von Roger Schawinski mit der Berner Psychologin und Buchautorin Catherine Herriger. Das gegenseitige Giftpfeilschiessen artete im legendären Bücherwurf aus. Nachdem Schawinski Herriger unverblümt klar gemacht hatte, dass ihr neustes Buch ein «völliger Schrott» sei, schmiss er die Lektüre plötzlich durchs Studio. Für Regina Buol, die damals erst ein halbes Jahr als Produzentin im Einsatz stand, war dieser Akt Schrecksekunde pur. Und eine Lektion zugleich. Nach der Sendung habe sie der Chef zu allem Frust noch zusammengestaucht, weil sie ihn via «Ohrnuggi» (Kabelverbindung in die Regie) nicht «zurückgebunden» habe, bevor er das Buch wütend vom Talktisch schmiss.

Schawinskis Breitseite hatte ihre Wirkung nicht verfehlt. Seither habe sie keine Hemmungen mehr, den Moderatoren während der Livesendungen immer wieder mal Hinweise und Tipps ins Ohr zu flüstern. Wobei flüstern eine Untertreibung ist, wie der Buchautor aus eigener Erfahrung weiss. «Was habe ich schon in der Regie Blut und Wasser geschwitzt, wenn ein Gast nicht reden wollte, nur einsilbige Antworten herausrückte», echauffiert sie sich. Geheult habe sie auch schon, weil ihr eine Geschichte nahe ging. Trotzdem: Regina Buol bleibt auch in diesen beklemmenden Momenten Profi genug, um dem Regisseur noch ein «Gang nöcher, viel nöcher, schnell!» zu verklicken. Auch im TalkTäglich gilt: Fernsehen ist Nahsehen. <

«Tag für Tag das beste Fernsehen der Welt machen»

Ein Interview mit Roger Schawinski

Sonntag, 15. August 2004. 21.24 Uhr. Zürich, im Park der Villa Schawinski.
«Noch immer fühle ich eine starke emotionale Bindung an TeleZüri und
dabei vor allem an ehemalige Mitarbeiter, mit denen ich die grossen Kämpfe
fürs freie Fernsehen bestritten habe.»
Roger Schawinski, Chef *Sat1* Deutschland

Hugo Bigi: Was löst der Name TeleZüri bei dir heute aus?

Roger Schawinski: Der Name war auf den Punkt genau richtig gewählt für das erste regionale Fernsehen der Schweiz. Das fand ich damals, und das finde ich auch heute.

HB: Worauf kann TeleZüri nach 10 Jahren deiner Meinung nach stolz sein?

RS: Zuerst einmal hat TeleZüri den Standard für alle Regionalfernsehen der Schweiz gesetzt, sogar vom Namen her. Darüber hinaus war und ist das Konzept des stündlichen Wiederholungsprogramms viel erfolgreicher als die viel ambitiöseren Ansätze, die etwa in Deutschland gewählt wurden und die mehrheitlich gescheitert sind. TeleZüri war von Anfang an aber auch in der Technik innovativ. Die Videojournalisten – zunächst überall belächelt – wurden Jahre später überall eingeführt, sogar beim Schweizer Fernsehen. TeleZüri setzte aber auch von Anfang an journalistisch hohe Standards. Vor allem die Aktualität und deren Vertiefung zwang etwa die behäbige SRG, zeitweise aus ihrem Dornröschenschlaf zu erwachen.

HB: Als du im Herbst 2001 TeleZüri an Tamedia verkauft hast, zweifelten einige an einer erfolgreichen Zukunft des Senders. Du auch?

RS: Nein, keine Sekunde. Schliesslich handelt es sich um ein Team mit Markus Gilli an der Spitze, mit dem ich viele Jahre zusammengearbeitet hatte. Gefährlich wäre es nur geworden, wenn Tamedia etwa die bei *TV3* gescheiterten Ideen TeleZüri aufoktroyiert hätte. Es war richtig, dass die bewährten Sendekonzepte weitergeführt wurden. Andersseits überrascht es mich zunehmend, dass TeleZüri bis heute genau dieselben Formate wie bei meinem Abgang produziert, denn jedes Fernsehen sollte sich verändern. Dass seit dem Verkauf in der Hauptsendezeit keine neuen Formate eingeführt wurden, liegt aber wahrscheinlich auch an den fehlenden finanziellen Mitteln.

HB: Was die Einschaltquoten betrifft, konnte sich TeleZüri gerade in den letzten Jahren deutlich steigern. Wie interpretierst du diese Entwicklung?

RS: Es gab vom ersten Sendemonat im Oktober 1994 an ein Wachstum der Einschaltquoten. Bereits 1998 erreichten wir mit TeleZüri täglich 500 000[1] Personen. Nach dem Verkauf, dem Ende von Tele 24 und den internen Turbulenzen ging diese Zahl markant zurück. Später konnte die Aufwärtsentwicklung wieder aufgenommen und weitergeführt werden. Bei jedem neuen TV-Programm dauert die Aufbauentwicklung sehr viele Jahre. Deshalb spricht man in Deutschland noch heute von Privatsendern der ersten und solchen der zweiten Generation, die allesamt tiefere Marktanteile haben. Somit handelt es sich um eine logische Entwicklung einer erfolgreichen Marke.

HB: Deine Angaben zu den Einschaltquoten von 1998 entsprechen nicht der TeleZüri-Statistik. Trotzdem: Inwiefern siehst du im heutigen Programm deine Gründer-Maximen noch immer bestätigt?

RS: Sehr weitgehend – beinahe zu stark. Ich würde mir neue Ideen wünschen. Langfristig ist dies unerlässlich.

HB: Du pflegtest TeleZüri als dein Kind zu bezeichnen. Was ist es heute?

RS: Ich werde wohl für immer der Gründer und erste langjährige Geschäftsführer von TeleZüri bleiben. Das hat sich nicht verändert. Heute ist der Sender in anderen Händen. Es war ein bewusster Entscheid von mir, dass dies geschehen sollte. Deshalb bin ich sehr froh, dass sich die Dinge positiv entwickeln. Ich sehe das mit grosser Genugtuung. Noch immer fühle ich eine starke emotionale Bindung an TeleZüri und dabei vor allem an ehemalige Mitarbeiter, mit denen ich die grossen Kämpfe fürs freie Fernsehen bestritten habe. Das ist das Wichtigste. Dass ich nicht mehr der Besitzer bin, hat daran nichts geändert.

HB: Welchen Stellenwert hat die Gründung und Lancierung von TeleZüri in deiner Karriere als Medienunternehmer?

RS: Es war ein ganz entscheidender Moment. Aber es ist noch zu früh für mich, abschliessende Geschichtsschreibung zu betreiben und mit anderen Unternehmen, die ich gegründet oder geleitet habe, zu vergleichen. Ich glaube, der Erkenntniswert einer solchen Betrachtung wäre irrelevant.

HB: Wer war Roger Schawinski im Herbst 1994?

RS: Jemand, der neue Grenzen der Schweizer Medienlandschaft ausloten wollte und eines Tages eine Idee hatte, die ihn nicht mehr losliess.

HB: Am 3. Oktober 1994 war Premiere. Du hattest dein erstes TalkTäglich mit dem Tagi-Karikaturisten Nico. Was ist dir von deiner ersten Livesendung in Erinnerung geblieben?

RS: Dass ich unheimlich nervös und wohl auch unheimlich schlecht war. So wie das bei ersten Sendungen eben meistens ist.

HB: Welche deiner TalkTäglich-Sendungen hat bei dir selbst den nachhaltigsten Eindruck hinterlassen?

RS: Nach über 900 Sendungen wäre es oberflächlich, eine einzige herauszuheben. Zu unterschiedlichen Zeiten denke ich an unterschiedliche Personen, Sendungen und Situationen zurück, die bei mir etwas ausgelöst haben. Zum Teil sind dies Sendungen, die weder die höchsten Einschaltquoten noch die grösste Resonanz im Publikum gefunden haben.

Mittwoch, 28. September 1994
Am Abend die dritte Testsendung. Wieder mehr Fehler im Ablauf – und es ist bereits Mittwoch. Und dann drehen wir durch. Kurz vor 21 Uhr gehen wir live auf Sendung. Einfach so, ohne Vorbereitung, ohne nichts. Im Studio albern Hugo Bigi, Technik-Chef Peter Canale wie üble TV-Piraten am News-Pult herum. Völlig übermüdet legen wir eine TV-Piraten-Nummer hin, die tatsächlich über den Sender geht, denn plötzlich klingeln alle Telefone. Man hat uns gesehen, im ganzen Sendegebiet. Wir erleben eine kurze Euphorie, wie sie nur in Augenblicken extremster Anspannung möglich ist. Sind wir kurz vor dem Durchdrehen?
(*Roger Schawinskis Tagebuch.* SonntagsBlick, 2.10.1994)

HB: Welchen deiner Talks würdest du nicht mehr anschauen wollen?

RS: Ich habe mir die Tapes der so genannt «herausragenden Talks» geben lassen. Die stehen als Kassette in meinem Büro. Bis heute habe ich noch keine einzige angeschaut.

HB: Wen würdest du gerne noch einmal interviewen?

RS: Wichtig war nie allein die Person, sondern es war immer die Kombination von Person und Aktualität. Deshalb ist diese Frage theoretisch nicht zu beantworten. Im Übrigen denke ich heute nicht mehr täglich wie ein Talkmaster. Zwar nutze ich diese Erfahrung für meinen heutigen Job, allerdings aus einer anderen Optik.

HB: Als Interviewer und gleichzeitig Programmdirektor sowie Mehrheitsbesitzer des Senders konntest du dir in deinen Sendungen praktisch alles erlauben. Wo bist du – aus heutiger, selbstkritischer Sicht – zu weit gegangen?

RS: Das ist falsch. Für die Zuschauer einer konkreten Sendung war ich immer der Talkmaster und musste die Verantwortung für alle Details meiner Auftritte übernehmen – unabhängig von meinen anderen Tätigkeiten. Allein auf diese Weise konnte ich mir Aufmerksamkeit und Vertrauen erwerben. Vielleicht legte man bei mir sogar noch eine kritischere Sonde an. So wurde ich oft nicht nur für meine Sendungen, sondern für alle Sendungen von TeleZüri und Tele 24 direkt und persönlich verantwortlich gemacht.

HB: Was liegt dir heute emotional näher: TeleZüri oder Tele 24?

RS: Ich kann dies nicht trennen. TeleZüri war der Anfang, Tele 24 die Fortsetzung – der Versuch, das unsägliche SRG-Monopol mit einer seriösen privaten Konkurrenz zu brechen.

HB: Hat es Tele 24 gebraucht?

RS: Ich war davon überzeugt. Ich bin der Meinung, dass ein TV-Monopol generell schädlich ist. Keine Demokratie der Welt hat heute ein solches Mediensystem – nur die Schweiz. Aber offenbar war ich naiv. Die Machtträger dachten anders. Die kungelten und mischelten, um sich eigene Vorteile zu sichern. So legten sich die meisten grossen Verleger für lächerliche zwölf Millionen Franken mit der SRG ins Bett, und die Politiker wagten es nicht, sich die Auftritte in der Arena zu vermasseln. So blieb ich am Schluss ohne Alliierte allein, und das war zu wenig. Der Tatbeweis – die über eine Million Zuschauer, die täglich unseren Sender einschalteten – war nicht genügend, um so heftig verteidigte Pfründen ins Wanken zu bringen.

HB: Was sagst du zu der These, TeleZüri wäre heute noch stärker, hätte es Tele 24 nicht gegeben?

RS: Unsinn. TeleZüri hat von der Tele-24-Zeit profitiert. Das war die hohe Zeit des privaten Fernsehens. Es war ein kapitaler Fehler von Tamedia, Tele 24 einzustellen und kampflos wichtigste Kabelplätze in der übrigen Schweiz preiszugeben. Aber offenbar konnte man aus psychologischen Gründen nicht Tele 24 weiterführen, während man gleichzeitig das eigene *TV3* einstellte. Damit wurde aus emotionalen Gründen die letzte Chance vergeben, langfristig eine echte nationale Alternative zur SRG aufzubauen, was für die Schweizer Medienlandschaft fatal ist.

HB: Du hast im Oktober 1998 Tele 24 als Einzelunternehmer gestartet. Die Partner, die TeleZüri am Anfang finanziell und (teilweise) publizistisch unterstützten – Tamedia und Ringier – waren nicht mehr an Bord. War der Alleingang richtig?

RS: Nein. Ich hätte es nur mit mehr Unterstützung geschafft, wie sich später gezeigt hat. Aber Tamedia wollte unbedingt ihren Unterhaltungsdampfer *TV3* lancieren, Ringier blieb unter den Fittichen der SRG. Hätte ich dehalb stillhalten sollen? Vielleicht. Aber ich war sehr optimistisch, dass wir, wie schon bei Radio 24, durch ein erfolgreiches, qualitativ hoch stehendes Programm auch mittelfristig die Mediengesetze ändern könnten. Dies war ein Irrtum. Diesmal waren diejenigen Interessen noch viel stärker, die den Status quo mit allen Mitteln verteidigen wollten.

HB: Du hast das Scheitern von Tele 24 in erster Linie der Medienpolitik von Bundesrat Moritz Leuenberger angelastet. Beharrst du auch heute auf dieser Schuldzuweisung?

RS: Wenn man sich bemüht hätte, eine echte duale TV-Landschaft zu ermöglichen, und die Gesetze entsprechend gestaltet hätte, wäre das Resultat ein anderes gewesen. Aber als Moritz Leuenberger öffentlich immer wieder verkündete, dass er allein an einer starken SRG interessiert sei, begann ich zu begreifen, dass wir keine Chance hatten. Deshalb entschied ich mich auszusteigen. Ein anderer Medienminister hätte vielleicht eine andere Optik gehabt, die es Privatsendern ermöglicht hätte zu überleben.

Freitag, 30. September 1994
Am Morgen blicke ich in den Spiegel und treffe auf einen Fremden. Dicke Augenringe, tiefe Furchen im Gesicht.
So sehe ich also aus, drei Tage bevor ich mich am Bildschirm präsentieren muss – und dieser Gedanke erschreckt mich.
(Roger Schawinskis Tagebuch. SonntagsBlick, 2.10.1994)

HB: Die Prognos-Marktstudie von 1998[2] hat bereits die Schwierigkeiten benannt, in der Schweiz ein sprachregionales TV-Projekt zu etablieren. Danach sind die entstehenden Schwierigkeiten in erster Linie auf den (zu) kleinen, aber übersättigten Markt zurückzuführen. Hast du diese Voraussetzung zu wenig beachtet?

RS: Die Prognos hat in den letzten Jahren eine Vielzahl von Studien veröffentlicht, die himmelschreienden Unsinn verbreitet haben. So ist das eben mit Studien, die sich mit der Zukunft befassen, die leider immer etwas unsicher ist. Deshalb nochmals: Wenn man die Spielregeln – etwa wie in Deutschland mit den Werbeverboten für *ARD* und *ZDF* nach 20 Uhr – geändert hätte, wäre eine private TV-Landschaft in der Schweiz möglich gewesen. Viel kleinere Länder als die Schweiz, von Slowenien bis Lettland und Norwegen, beweisen, dass es funktioniert, wenn der politische Wille vorhanden ist. Deshalb sind diese Argumente, die Schweiz sei zu klein, absolut lächerlich.

HB: Medienminister Leuenberger behauptet heute noch, du hättest ihn für den Tod von Tele 24 und *TV3* verantwortlich gemacht. Was erwiderst du?

RS: Er hat immer wieder erklärt, dass ihm das Schicksal der Privatsender im Gegensatz zu demjenigen der SRG egal ist. Wie will man sich dann über die Entwicklung wundern, die die Medienlandschaft genommen hat?

HB: Was hat deiner Meinung nach zum Zerwürfnis eurer Freundschaft geführt?

RS: Er hat das Recht auf seine Meinung wie ich auf meine. Da habe ich keine Probleme. Ich finde nur, dass er – wenn man das Resultat betrachtet – völlig falsch gelegen ist.

HB: Wie ist das Verhältnis Schawinski/Leuenberger heute?

RS: Recht entspannt. Er ist immer noch Medienminister. Ich mache weiter Fernsehen. Allerdings in einem anderen Land.

HB: Du hast mit der Lancierung von TeleZüri wegweisende Pionierarbeit für das Privatfernsehen in der Schweiz geleistet. Wie beurteilst du die Szene 10 Jahre später?

RS: Enttäuschend. Alles geschieht auf kleinem Feuer. Die Hoffnungen wurden weitgehend zerstört, ein Wachstum ist nicht möglich. An dem neuen Gesetz und den künftigen Splittinggeldern – die ich jahrelang als Erster vorgeschlagen habe – tun sich jetzt die später aufgesprungenen regionalen Medienfürsten wie schon beim Lokalradio auf Kosten der Allgemeinheit gütlich.

HB: Was kannst du von deiner TeleZüri-Erfahrung in den Job des Sat1-Chefs einbringen?

RS: Bei jedem neuen Job profitiere ich von den in allen früheren Lebensphasen gesammelten Erfahrungen. Die Zeit bei TeleZüri und Tele 24 war eine besonders prägende. Erst heute erlebe ich zu meinem eigenen Erstaunen, wie viel ich täglich von dem einbringen kann, was wir in den ersten Jahren pionierhaft entwickelt haben.

HB: Abschliessend habe ich – analog zu deinem Talk-Täglich-Ritual – fünf Sätze, die ich gerne von dir beendet hätte:

HB: Dass ich in Berlin nicht einfach der Roschee, sondern der Doktor Schawinski bin, ist …

RS: falsch. Teilweise bin ich auch dort schon der Roger – bei meinen wichtigsten Mitarbeitern und vielen neuen Freunden.

HB: Ein 900-Millionen-Budget zu verantworten, macht mir …

RS: keine Angst.

HB: Dass ich einmal wieder ins Schweizer Fernsehgeschäft einsteige …

RS: ist äusserst unwahrscheinlich.

HB: Ohne meine Ehefrau Gabriella hätte ich bei TeleZüri …

RS: viel Spannendes nicht erleben können. Sie hat mir die ganze Zeit über die wichtigsten Hinweise gegeben, die sie mit ihrer unvergleichlichen Intuität zu vermitteln weiss.

HB: TeleZüri wünsche ich …

RS: nur das Allerbeste. Allen Mitarbeitern viel Spass bei der Arbeit und wie seit Anbeginn den Ehrgeiz, Tag für Tag das beste Fernsehen der Welt zu machen.

[1] *Gemäss Statistik TeleZüri lag die durchschnittliche Tagesreichweite 1998 nie über 398 700 Zuschauerinnen und Zuschauern.*
[2] *Gutachten «Werbemarkt Schweiz» (1998). Prognos, Basel.*

«Bei den Videojournalisten besteht die Tendenz zu Überfallfragen»

Ein Schlagabtausch mit Moritz Leuenberger

Dienstag, 6. Juli 2004. 15.28 Uhr. Bern, Bundeshaus Nord.
«Ich habe schon einen Zugang zur Ironie.»
Moritz Leuenberger, Bundesrat und Medienminister

> **Hugo Bigi:** Herr Bundesrat, ist es Ihnen recht, dass während dieses Interviews keine TV-Kamera läuft?
Moritz Leuenberger: Kein Problem. Sie machen ja für einmal kein Fernsehinterview.
HB: Meine Frage hatte natürlich einen Hintergedanken. Wie gut können Sie mit Ihrem eigenen Fernsehbild leben?
ML: Ich schaue mich nicht regelmässig am Fernsehen an. Wenn ich es tue, dann selbstkritisch. Ich versuche das, was mir nicht gefällt, beim nächsten Mal auszumerzen. Ich denke, ich habe mein eigenes Fernsehbild verändert, bewusst verändert. Wichtig ist, dass ich es selbst verändert habe. Gerade auf Tele 24 wurde ich einmal sehr negativ ins Bild gesetzt.
HB: Was heisst negativ?
ML: Es war an einer üblichen Medienkonferenz nach einer Bundesratssitzung. Ich wurde nicht darüber informiert, dass diese Konferenz ausnahmsweise live am Fernsehen ausgestrahlt wurde. Das hätte allerdings der Vizekanzler und nicht Tele 24 tun sollen. Ich sprach sehr schleppend, immer wieder abwartend, bis die Journalisten für die gedruckte Presse so weit waren, stets dem Tempo ihrer Kugelschreiber folgend. Ich sprach also sehr stockend. Tele 24 strahlte die Konferenz ohne mein Wissen live aus. Was mindestens im Resultat unfair war, dass Schawinski diesen Auftritt vor Pressejournalisten von einem Rhetoriker analysieren liess. Der kam natürlich wegen meiner schleppenden Sprechweise zu dem Schluss, ich würde spinnen. Ich kanns ihm nicht verübeln. Aber hätte ich gewusst, dass die Medienkonferenz live ausgestrahlt würde, hätte ich anders gesprochen und vor allem nicht so abgehackt geredet.
HB: Zu Schawinski kommen wir später in diesem Interview. Zurück zu Ihrem eigenen Fernsehbild: Was haben Sie bewusst verändert?
ML: Also gut, die noch bessere Lektion über meine Schwächen erfahre ich regelmässig durch Walter Andreas Müller. An seiner Parodie habe ich zum Beispiel gesehen, dass ich offenbar stets den Kopf ein bisschen sehr schräg in die Höhe schraube und den Blick hilflos suchend himmelwärts richte. Das versuchte ich dann etwas zu korrigieren.
HB: Also ist Walter Andreas Müller der Vorzeige-Leuenberger?
ML: In diesem Sinne, ja. Aber ich bin auch schon kabarettistisch aufgetreten, und die Leute hielten mich für Walter Andreas Müller. Zum Beispiel im Stadttheater St. Gallen. Da waren einige Richtigstellungen nötig, um zu beweisen, dass nicht der Schauspieler, sondern tatsächlich der Bundesrat dort war.
HB: Sie gelten in der Öffentlichkeit nicht gerade als Freund des Fernsehens, schon gar nicht des Privatfernsehens. Stimmt dieser Eindruck?
ML: Ich bestreite nur schon diesen angeblichen Eindruck. Nicht in der Öffentlichkeit gelte ich als kein Freund des Fernsehens, sondern bei gewissen Fernsehmachern. Als Medienminister habe ich aber eine Gesamtaufgabe. Meine Politik in Sachen lokalem und sprachregionalem Fernsehen erfolgt immer zusammen mit dem Gesamtbundesrat. Ich muss eine umfassende Medienpolitik machen. Es darf nicht meine Absicht sein, einzelnen Sendern besonders gut zu gefallen.
HB: Ihr Verhältnis zum Schweizer Privatfernsehen ist angespannt. Warum?
ML: Auch da muss ich eine Vorbemerkung einfügen. Wenn ich als Nutzer und Konsument und als vorgeführtes Opfer eines bestimmten Mediums keine ideale Beziehung zu ihm habe, schmälert dies meine Arbeit als Medienminister nicht. Ich muss diese beiden Funktionen, Konsument und zuständiger Bundesrat, klar auseinander halten. Ich lasse mich nicht qualifizieren als einer, der wegen seiner persönlichen Vorliebe oder Abneigung zu gewissen Medien oder Mediengefässen sich in eine Befangenheit manövrieren lässt. Dies nehme ich für mich in Anspruch.
HB: Trotzdem: Fernsehen scheint nicht gerade Ihr Medium zu sein.
ML: Wie kommen Sie darauf? Das Fernsehen ist eines der wichtigsten Medien, das ich mit grösstem Engagement verfolge, kritisch verfolge. Natürlich ziehe ich zum Beispiel die *Tagesschau* einer *Big-Brother*-Folge oder dem *Swissdate* auf TeleZüri vor. Ich lasse mir nicht auf Grund meiner negativen Haltung gegenüber *Big Brother* unterstellen, ich hätte Mühe mit dem Medium Fernsehen als solchem.
HB: Was löst der Name TeleZüri bei Ihnen aus?
ML: TeleZüri wie auch Tele 24 bedeuten für mich eine Geschichte, die ich sowohl als Medienkonsument wie als Medienminister interessiert mitverfolgt habe und weiter mitverfolge.

HB: Angespannt mitverfolgt haben. Sie liessen vorhin durchschimmern, dass Sie sich von TeleZüri und Tele 24 unfair behandelt fühlten.

ML: Mit einzelnen Beiträgen, sei es im Fernsehen, Radio oder in der Zeitung, die meiner Meinung nach unkorrekt, verfälscht oder sogar verletzend ausfallen, kann ich durchaus leben. Darauf reagiere ich gar nicht erst. Wenn aber systematisch gegen mich vorgegangen wird, dann habe ich ein Problem. Das war zweimal der Fall. Zum ersten Mal vor der Schliessung von Tele 24, als meine Medienpolitik von Roger Schawinski bewusst wahrheitswidrig als Verursacherin der drohenden Schliessung deklariert wurde. Ich habe mich nur an das Gesetz gehalten. Das Parlament und nicht der Bundesrat kann das Gesetz ändern. Viele Leute aber glaubten Schawinskis Meinungsmache. Als ich später zum Beispiel einmal Eva Wannenmacher begegnete, behauptete sie doch tatsächlich, ich hätte ihr damals die Stelle weggenommen.

HB: Sie arbeitete gar nie bei Tele 24, sondern bei *TV3* …

ML: Ja, aber trotzdem sah sie mich als ihren Jobkiller. Es war dasselbe …

HB: Nein, Tele 24 und *TV3* waren nicht dasselbe. Für Sie vielleicht, aber nicht für uns.

ML: Ich weiss, dass es nicht der gleiche Sender war, das wollte ich auch nicht sagen. Aber Roger Schawinski behauptete überall, ich sei für den Tod beider sprachregionaler Sender verantwortlich.

HB: Und welches war die zweite «systematische» Vorgehensweise?

ML: Bei der Problematik der Südanflüge. Da fühlte ich mich von TeleZüri eine Zeit lang systematisch und vor allem zu Unrecht in eine falsche Rolle gedrängt.

HB: Das ist Ihr persönlicher Eindruck. Der Vorwurf der Systematik ist eine Unterstellung. Wie wollen Sie dies beweisen?

ML: Ich wurde monatelang in der Sendung SonnTalk vom Programmleiter und der – meiner Meinung nach oft tendenziös zusammengesetzten – Runde zum Sündenbock für die Problematik der Südanflüge gestempelt. Für mich ähnelt dieses Verhalten dem der englischen Boulevardzeitung *The Sun*, die den Schweizer EM-Schiedsrichter Urs Meier auf Grund eines aberkannten englischen Goals verunglimpfte.

HB: Wie bitte? Das kann man doch überhaupt nicht vergleichen. TeleZüri hat weder Ihre Natel-Nummer in einem Bericht eingeblendet noch die Zuschauer aufgefordert, Sie mit Anrufen und E-Mails einzudecken.

ML: Aber das journalistische Prinzip ist das gleiche. Man nimmt sich in einer populistischen Art eine Klientel, solidarisiert sich mit ihr und schiebt die Schuld einem Aussenstehenden in die Schuhe.

HB: Als Sie von Klaus J. Stöhlker im SonnTalk mit dem römischen Kaiser und Despoten Nero verglichen wurden, distanzierte sich Programmleiter Markus Gilli sofort von dieser Aussage.

ML: Das nahm ich ihm aber nicht ab. Stöhlker soll ihm ja bereits vor der Sendung angekündigt haben, er würde eine Bombe gegen Leuenberger platzen lassen. Ich persönlich empfand Gillis Reaktion auf Stöhlkers Nero-Vergleich als heuchlerisch. Stöhlker hat ja keine falschen Tatsachen verbreitet, sondern eine Wertung abgegeben, wenn auch eine völlig überdrehte, die ja sowieso keiner ernst nehmen konnte, so blumig war sie.

HB: Mit diesen Blumen sagte Stöhlker nichts anderes, als dass Sie unfähig seien.

ML: Das sagt er schon seit vielen Jahren.

HB: In der besagten SonnTalk-Runde sass auch ein weiterer Leuenberger-Kritiker: Roger Schawinski. Als Sie 1995 in den Bundesrat gewählt wurden, verkündete er lautstark: «Mein Freund Moritz ist Bundesrat!» Es herrschte noch Friede, Freude, Eierkuchen …

ML: (zögert) Ich ahnte damals schon, dass Roger Schawinski seine persönlichen und beruflichen Interessen nicht trennen konnte, dass die zu grell unterstrichene private Beziehung auch Grundlage für berufliche Wünsche sein sollte. Ich nehme diese Absichten Schawinski gar nicht übel, das ist seine bekannte Art. Sie zeichnete ihn vielleicht als Unternehmer sogar aus. Aber für mich als Politiker ist diese Trennung absolut notwendig. In meiner Stellung darf ich doch eine Privatbeziehung niemals zum Anlass für eine Sonderbehandlung nehmen.

HB: Später wurden Sie von Schawinski in einem Talk-Täglich als «miserabler Bundesrat, schlechter Liebhaber und katastrophaler Koch» bezeichnet. Er wollte damit seine Unabhängigkeit von Ihnen öffentlich machen.

ML: Das hat er natürlich ironisch gemeint. Darum hat es mich nicht gestört.

HB: Klar, aber Ironie funktioniert am Fernsehen schlecht.

ML: Ich aber habe schon einen Zugang zur Ironie. Aber, Sie haben Recht, einige Leute verstanden diese Sprüche nicht und nahmen sie ernst. Für mich war die Ironie aber klar erkennbar.
HB: Wie ist das Verhältnis Leuenberger/Schawinski heute?
ML: Heute ist das wieder eine Privatsache, und die ist eben privat und nicht öffentlich. Trotzdem: Es gibt wieder versöhnliche Zeichen.
HB: Zurück zu TeleZüri: Was empfinden Sie, wenn Ihnen ein TeleZüri-VJ seine Kamera vor das Gesicht hält?
ML: Es kommt darauf an, was er fragt. Ob er nun von TeleZüri oder von einem anderen Sender kommt, ist für mich nicht das Kriterium. Die Professionalität seiner Frage hingegen schon. Ich habe schon meine Erwartungen an einen Fernsehjournalisten.
HB: Was erwarten Sie?
ML: Wenn ich als Bundesrat in einem Fernseh-Statement zu einer Sachlage Stellung beziehe, weiss ich um meine Verantwortung, um die grosse Wirkung meiner Aussage. Bei den Videojournalisten besteht die Tendenz zu Überfallfragen. Es gibt in der Regel für den Interviewten keine oder ganz wenig Vorbereitungszeit. So quasi aus dem Nichts heraus stellt der Videojournalist seine Frage, wie in einem Psychospiel. Das mag einen gewissen Überraschungs- und Unterhaltungswert erzielen. Ich jedoch verlange zu Gunsten der Qualität in meiner Antwort eine Vorbereitungsmöglichkeit. Ich gebe zu, dass ich auf diese Überfallfragen manchmal unwirsch reagiere. Das ist wohl ein Charaktermangel meinerseits und führt hin und wieder zu einem Fight.
HB: Rund 500 000 Zuschauer schalten heute täglich TeleZüri auf – das spricht für eine grosse Akzeptanz und eine hohe Glaubwürdigkeit. Jetzt hätten Sie die einmalige Gelegenheit, auch einmal ein Wort der Anerkennung zu äussern.
ML: (schmunzelnd) Ich weiss, dass Sie die Zuschauerzahlen ab 30 Sekunden Sehdauer messen …
HB: Das müssen Sie wissen, Sie sind ja der Medienminister. Aber auch der härtere Wert, das Rating, ist nicht weniger bemerkenswert. Als Sie im letzten Frühling im TalkTäglich waren, verfolgten rund 170 000 Zuschauer die Sendung – von Anfang bis Schluss. Und das war bei weitem noch nicht Rekord.

ML: Ich finde, das ist gut.
HB: Danke. TeleZüri bietet mit wenig Mitteln und bisher keinem einzigen Franken Konzessionsgebühr einen beachtlichen Service public. Wie sehen Sie das?
ML: Das sehe ich genauso. Darum haben wir die Lokalsender ja zugelassen und auch aktiv gefördert. Solche TV-Stationen sollen ja bald ihren Teil vom Gebührensplitting bekommen.
HB: Marc Furrer, Ihr Direktor des Bakom, sieht das offenbar anders. In einem Interview mit der Zeitschrift *Persönlich* bezweifelte er, dass TeleZüri als grösster Sender im wichtigsten Wirtschaftsgebiet einen Anspruch auf Gebühren habe.
ML: Schauen Sie, das Gesetz hat erst den Nationalrat passiert. Bis heute steht im Gesetz, dass Lokalsender nur in Gebieten unterstützt werden sollen, wo Lokalfernsehen nicht privatwirtschaftlich finanziert werden kann. Mit anderen Worten: In wirtschaftlich starken Regionen könnten Beiträge aus dem Gebührensplitting ausgeschlossen werden. Es war richtig von Marc Furrer, darauf hinzuweisen.
HB: Obwohl das Gesetz noch nicht beide Räte passiert hat? Das ist ja reine Spekulation.
ML: Fakt ist, dass man heute noch nicht hundertprozentig weiss, ob ein Privatfernsehen in der wirtschaftlich starken Region Zürich dereinst vom Gebührensplitting profitieren kann. Statt auf den Direktor des Bakom würden die Interessengruppen wohl besser auf die Ständeräte losgehen und denen klar machen, wie denn das Gesetz formuliert sein müsste. Und vergessen Sie nicht, im neuen Gesetz werden erleichterte Werberichtlinien verankert sein, die neue zusätzliche Einnahmen ermöglichen. Es kann nicht die Aufgabe des Gesetzes sein, einen Privatsender, der schwarze Zahlen schreibt, auch noch zusätzlich vom Gebührensplitting profitieren zu lassen. Man kann den Service public auch ohne staatliche Leistungen erbringen.
HB: Das heisst, die Professionellen, die trotz jahrelangen Verlusten jeden Tag ein kompetentes und geschätztes Programm produzieren, sind dann die Einzigen, die vom Staat nicht unterstützt, sondern sogar noch bestraft werden, nur weil sie in Zürich sind?
ML: Nein, das heisst es nicht! Im Gesetz wird nicht «Zürich» erwähnt. Wenn ein Lokalsender in einem wirtschaftlich starken Raum schwarze Zahlen schreibt, dann

ist es nicht im Sinne des Gesetzes, diesen noch zusätzlich mit Subventionen zu unterstützen. Das Gesetz will in erster Linie diejenigen unterstützen, die durch ihre geografische Lage, zum Beispiel in Bergtälern, mit folglich weniger Zuschauerpotenzial gar keine Chance haben, jemals in die schwarzen Zahlen zu kommen.

HB: Tatsache ist, dass bisher auch die Sender in den wirtschaftlich starken Regionen keine schwarzen Zahlen schreiben konnten.

ML: Nämlich?

HB: TeleZüri, zum Beispiel. Letztlich stellt sich doch die Frage: Will die Schweizer Medienpolitik, wollen Sie, Herr Bundesrat Leuenberger, wenigstens im Grossraum Zürich eine moderne, dynamische Fernsehlandschaft und mit TeleZüri eine ernst zu nehmende Schweizer Konkurrenz und Alternative zu *SF 1*?

ML: Aber das wollen wir ja gerade mit dem neuen Gesetzesvorschlag ermöglichen. Was ich aber auch will, ist ein starker nationaler Sender, der in der Deutschschweiz nicht in Konkurrenz mit TeleZüri, sondern mit den ausländischen deutschsprachigen Sendern steht. Wer für *SF DRS* ist, ist doch nicht gleich gegen TeleZüri. Die SRG hat den wichtigen Auftrag, die vier Kulturen des Landes zusammenzuhalten und zu pflegen. Die idée suisse ist in diesem Zusammenhang ein wesentliches Element. Damit will ich nicht gesagt haben, dass die Programmleistungen und die Verwaltung der SRG über jegliche Zweifel erhaben sind.

HB: Die SRG ist die idée suisse – und TeleZüri ist die idée zurich?

ML: (zögert) Es klingt gut als Wortspiel. Aber ich habe Mühe, diese beiden Begriffe jetzt spontan gleichzustellen.

HB: War nur so eine Überfallfrage. Herr Bundesrat, ich bedanke mich herzlich für dieses Gespräch. <

Seit 10 Jahren ist
TeleZüri so hautnah
wie wir seit 40 Jah[ren]
Herzliche Gratulatio[n]

BELDONA

dabei
en.

Herzlich Willkommen bei Bang & Olufsen in Thalwil!

Gerne präsentieren wir Ihnen in einer persönlichen Vorführung die faszinierenden Möglichkeiten in unserer voll eingerichteten Musterwohnung.

Eine telefonische Voranmeldung ist erwünscht.

Erleben Sie einzigartige Qualität bei:

50 Jahre

STAEGER AG THALWIL

„Im Planet"
Alte Landstrasse 160, 8800 Thalwil/Zürich
Telefon 01 720 13 62, info@staegerag.ch

Auf über 400 qm erleben Sie in elegantem Ambiente die exzellenten Klang- und Bildwelten von Bang & Olufsen – von intelligenter Telekommunikation bis hin zur digitalen Home Cinema Surround-Aufstellung.

Freuen Sie sich auf kompetente Fachberatung und umfassenden Service! Wir freuen uns auf Ihren Besuch!

BANG & OLUFSEN

Einen «Geri» für TeleZüri!
ministorage gratuliert zum 10-jährigen Jubiläum!

Geri

www.ministorage.ch
800 Einzel-Lager-Räume
für jedermann

044 305 31 31

Dirr/Gut

Haushalt

Wellness

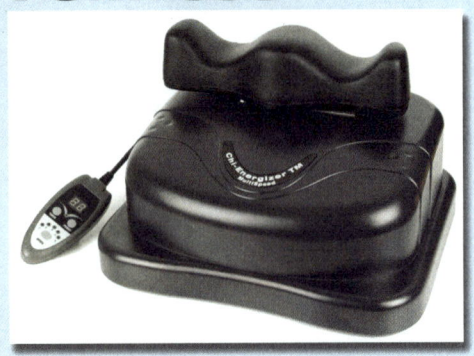

Musik

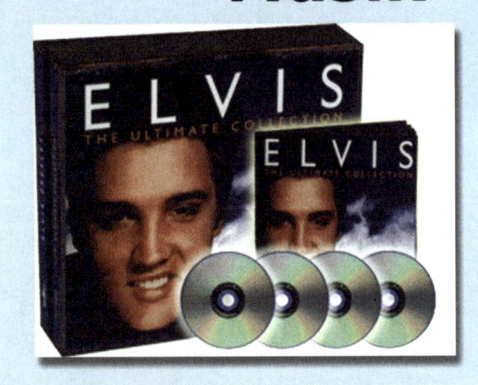

Reinigung

Medi

Ihr Einkaufs-

**Wir haben alles
Einkaufen r
www.m**

Shop
auf Tele Züri

Fitness

Kosmetik

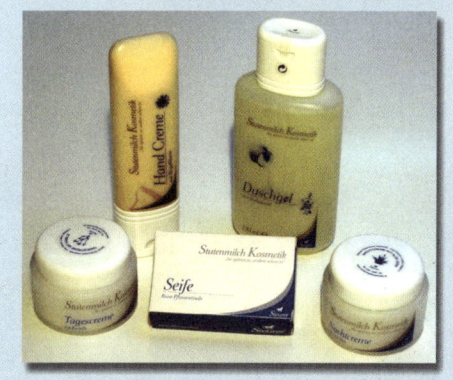

Küche

Gesundheit

s Sie brauchen!
um die Uhr -
ashop.li

smart
smart
smart
Mercedes-Benz
smart
Mercedes-Benz
Satellite

Kenny's

Mercedes-Benz

smart

Kenny's Auto-Center AG
Landstrasse 189 5430 Wettingen
056 437 07 07 www.kennys.ch

SonnTalk oder Grillieren mit Gilli

«Lieber Herr Gilli, jetzt reichts! Bitte laden Sie diesen unmöglichen und respekt- und anstandslosen Stöhlker nie mehr ein. Was der am Sonntag von sich gegeben hat, ist eine Frechheit (...) es ist ja nicht das erste Mal, dass er sich so danebenbenahm. Herr Gilli: Ich musste meinen Frust loswerden, bevor mir die Galle hochkommt (...) Freundliche Grüsse. L.L. aus Winterthur.»[1]

Sonntag, 20. Juni 2004. 20.35 Uhr. Heinrichstrasse 267, Zürich.
«Der Sonntag ist in den Schweizer Familien heilig. Der Ehemann hat Stubenarrest.»
Markus Gilli, Programmleiter

> Dutzende weiterer E-Mails mit zum Teil noch aggressiverem Inhalt haben einmal mehr die Mailbox von Redaktionsassistentin Daniela Hess bombardiert.

Stöhlker macht ein schönes Stück Arbeit. Tritt der Unternehmensberater von der Goldküste im SonnTalk auf, löst er eine Flut von Briefen, E-Mails und Telefonanrufen aus. Die allermeisten Reaktionen auf Klaus J. Stöhlkers sonntägliche Sticheleien sind negativ. Einige wenige finden Stöhlker cool, loben seinen Scharfsinn, seine Konfrontationslust. «Endlich mal einer, der sich traut zu sagen, wie es wirklich ist», lautet der Tenor. Stöhlkers Befürworter bilden die stille Mehrheit. Und die liess sich bisher erst einmal mobilisieren. Damals, im Dezember 2003, als am Sender über sein SonnTalk-Schicksal abgestimmt wurde. Der Scharfzüngler überlebte den TED. Über 12 000 riefen an. Rund zwei Drittel forderten Stöhlkers Verbleib in der SonnTalk-Gästeauswahl. «Bei TeleZüri hat nicht der Programmleiter das letzte Wort – unsere Zuschauerinnen und Zuschauer sind die letzte Instanz», sagt der Programmleiter.

Der Stöhlker-Abstimmung war eine grosse Kontroverse vorausgegangen. Nachdem der Berufsprovokateur in einem SonnTalk Moritz Leuenberger mit dem römischen Despoten Nero verglichen und den Bundesrat als «latent psychopathisch» abqualifiziert hatte, war der Skandal perfekt. Die Volksseele im TeleZüri-Land kochte. Programmleiter Markus Gilli nahm seinen gefährlichsten Angreifer aus dem Aufgebot. Er sperrte Stöhlker vorerst für weitere Einsätze und verbannte ihn auf die Zuschauertribüne. In den ersten Tagen und Wochen nach der Verbalattacke gegen Leuenberger sei der Unternehmensberater in Hunderten von Protestreaktionen aufs Übelste beschimpft und am liebsten «über die Grenze nach Deutschland» zurückgeschickt worden. Einige Zeit später – der Sturm der Entrüstung hatte sich inzwischen gelegt – hätten die Pro-Stöhlker-Voten kontinuierlich zugenommen. «Diese Entwicklung konnten wir nicht ignorieren. Ich wollte mich auch nicht als den grossen Zensor aufspielen», erklärt Gilli den Entscheid zur Volkswahl. Diesen Schritt halte er auch nach vielen weiteren Anti-Stöhlker-Tiraden nach wie vor für richtig.

Leuenbergers Behauptung, dass Gillis Distanzierung von Stöhlkers Tirade «heuchlerisch» gewesen sei (siehe Seite 105), weist der TeleZüri-Chef entschieden zurück.

«Ich hatte vor der Sendung keine Kenntnis, dass Stöhlker einen frontalen Verbalangriff gegen Bundesrat Leuenberger plante.» Leuenberger habe wohl vergessen, dass er als Erster provoziert hatte. Anfang jener Woche sei er an einer PK zum Fluglärm über die Zürcher Medien hergezogen und habe behauptet, Stöhlker und Schawinski würden im SonnTalk Unwahrheiten und Unverschämtheiten verbreiten. Gilli: «Daraufhin lud ich den Bundesrat in den SonnTalk ein – zusammen mit Schawinski und Stöhlker.» Hugo Schittenhelm, Leuenbergers persönlicher Mitarbeiter und Medienspecher, habe die Einladung nach Rücksprache mit dem Bundesrat jedoch abgelehnt.

Stöhlker selbst nahm die ganze Aufregung um seine Person gelassen. «Mich selbst reizt bei meinen Auftritten stets die Herausforderung, meine Erfahrung, mein Wissen an der Meinung anderer kluger Leute, die schlagfertig sind, zu messen», beschreibt er seine selbst gewählte Rolle des Advocatus Diaboli.

Frisch von der Leber

Stöhlker ist kein Sonntagsschüler und der SonnTalk alles andere als eine Sonntagsschule. Andächtiger Diskussionsstil und Sonntagsreden seien nicht erwünscht, hält SonnTalk-Dirigent Gilli fest. «Hier wird frisch von der Leber weg debattiert.» Was nicht heisst, dass die Gäste sich nicht vorbereiten. Viele Teilnehmer hätten Notizen und Spickzettel dabei mit Vermerken wie «das muss ich unbedingt sagen!»

Gute Vorbereitung tut Not. Das Konzept der Sendung ist anspruchsvoll und herausfordernd. Es sprengt den üblichen Rahmen der Diskussionsrunden am Fernsehen. Auf anderen Sendern äussern sich meist nur Experten und Expertinnen zu einem bestimmten Thema. Im SonnTalk reden Politiker, Journalistinnen, PR-Berater und andere Persönlichkeiten über Ereignisse und Fragen, in denen sie nicht zwingend Experten sind. «Wir wollen, dass sie zu aktuellen Ereignissen Stellung nehmen, in einer laufenden Kontroverse Partei ergreifen, Farbe bekennen», umschreibt Gilli das Konzept. «Wer seine Botschaft nicht in wenigen Sätzen auf den Punkt bringt, geht unter – und hat auch nichts Besseres verdient», bringt es SVP-Nationalrat und SonnTalker Christoph Mörgeli auf den Punkt.

Als Gegenleistung können sich die SonnTalker ideal profilieren. «Wer kannte vor ein paar Jahren schon Doris Fiala, Mario Fehr oder Sonja A. Buholzer?», schmunzelt Gilli. «Menschen aus allen Schichten sprechen mich nach einem Auftritt im SonnTalk oder im TalkTäglich an», bestätigt die Zürcher FDP-Präsidentin Doris Fiala. «Gerade auch kritisches Feedback zu erhalten, ist für eine Politikerin wichtig und lässt einen nicht abheben.» Die Wirtschaftsberaterin und Buchautorin Sonja A. Buholzer betont, dass sie sogar ausserhalb des Sendegebiets von Menschen auf ihre SonnTalk-Auftritte angesprochen werde. Und sie es deshalb noch mehr bedaure, dass diese die Sendegefässe wie SonnTalk und TalkTäglich seit der Schliessung von Tele 24 nicht mehr empfangen könnten.

Der Adliswiler Stadt- und SP-Nationalrat Mario Fehr macht keinen Hehl aus seiner Sympathie mit dem Zürcher Fernsehen: «Ich mag TeleZüri und seine Macherinnen und Macher. Sie sind kompetent, schnell und kreativ.» Auf keine anderen öffentlichen Auftritte bekäme er mehr und intensivere Reaktionen als auf diejenigen bei TeleZüri. «Was dort diskutiert wird, ist für die Region Zürich und für die ganze Schweiz von Bedeutung.»

Der Kampf um den Sitzplatz

Gillis SonnTalk-Auswahl setzt sich aus rund 15 bis 20 Persönlichkeiten zusammen. Männer sind in der Mehrheit. Die Frauenquote ist aber deutlich höher als im Nationalratssaal. Mit Doris Fiala, Sonja A. Buholzer, der Journalistin Esther Girsberger, SP-Nationalrätin Christine Goll, Ellen Ringier und Beatrice Tschanz als Hauptakteurinnen kommen die Frauen auf einen Anteil von rund 40 Prozent. Die SonnTalker werden nicht nach irgendeinem Quotenschlüssel oder einer Zauberformel eingesetzt. Die CVP sei mal der Meinung gewesen, die Gäste im SonnTalk müssten nach der Zusammensetzung im Bundesrat eingeladen werden. «Das hätte uns gerade noch gefehlt», lacht Gilli. Nein, entscheidend für die erfolgreiche Qualifikation zur Sendung seien Engagement, Temperament, gute Rhetorik und Fernsehtauglichkeit. Mit dem schwierig zu definierenden Begriff Fernsehtauglichkeit ist wohl am ehesten ein gepflegtes Äusseres, eine gewisse Annehmlichkeit in der Stimme und ein einigermassen zivilisiertes Benehmen gemeint. Wobei Letzteres im Fall von Klaus J. Stöhlker immer wieder zu Fragen Anlass gibt.

Tatsache ist: Wer im SonnTalk auftritt, der ist wer und hat etwas zu sagen. Heute schlage man sich beinahe um einen Startplatz. Das war zu Beginn der Sendung (die im ersten Jahr von Roger Schawinski und dem heutigen *Rundschau*-Moderator Reto Brennwald geleitet wurde) ganz und gar nicht der Fall. «Der Sonntag ist in den Schweizer Familien heilig. Der Ehemann hat Stubenarrest», meint Gilli. Wenn die Ehemänner (und Ehefrauen) im SonnTalk-Team einmal drin sind, würden sie sich nicht nur ums Wort, sondern schon bald um den besten Stuhl streiten. Der beste Platz, die Poleposition, sei der Schawinski-Stuhl – vom Fernsehzuschauer aus gesehen jener links vom Moderator. SP-Nationalrat Mario Fehr, zum Beispiel, hege grosse Ambitionen, endlich vom 3. Stuhl (der ganz rechts aussen) auf den Schawinski-Stuhl zu rochieren. Verständlich, denn welcher linke Politiker tritt in der Öffentlichkeit schon gerne als Rechtsaussen auf. Deshalb bleibt für Mario Fehr zu hoffen, dass er den Linksrutsch bald vollziehen kann. Sofern in jener entscheidenden Sendung nicht gleichzeitig Roger Schawinski sitzt, denn der hat den Stuhl auf Lebzeiten.

Unter den Diskussionsteilnehmern knistere es manchmal ganz schön, verrät Markus Gilli. Da werde häufig mehr als nur ums Wort gekämpft. Was man im Fernsehen nicht immer sieht – die Kontrahenten würden sich manchmal höhnische oder gar vernichtende Blicke zuwerfen. Und auch schon mal am Ärmel des Moderators reissen und ihm hartnäckig «auf die Knödli hauen». Am Schluss der Sendung, in der Regel nach 32 Minuten, sei er total durchgeschwitzt, gesteht Gilli. Seine Wortfechter zeigten sich dann oft völlig überrascht, dass der Showdown der Meinungen bereits zu Ende sei. Meist würde im Anschluss noch weiter debattiert und nicht selten vier Stockwerke tiefer im Back und Brau gemeinsam einer auf den gelungenen Auftritt gehoben.

Ueli Maurer und das Fleisch am Knochen

Null Bock auf ein gemeinsames Bierchen nach der Sendung hatte SVP-Präsident Ueli Maurer, als er vor Jahren mit seiner damaligen politischen Gegenspielerin Ursula Koch und Roger Schawinksi im SonnTalk sass.

Als Maurer von Schawinski als «Präsident von Blochers Gnaden» bezeichnet wurde, platzte ihm der Kragen. Unter den verdutzten Blicken von Schawinski, Koch und Gilli entledigte er sich professionell seines Mikrofons. Er stand auf und marschierte zur Sendung hinaus. «Plötzlich sassen wir nur noch zu dritt in der Runde. Und Ursula Koch nahm zum ersten Mal Partei für Ueli Maurer.» Das sei wohl der schwierigste Moment in seiner SonnTalk-Karriere gewesen, erinnert sich der Diskussionsleiter.

Im SonnTalk gilt – wie in jeder TeleZüri-Sendung: Die Aktualität hat Vorrang. So richtet sich die Auswahl der Diskussionsthemen nicht nach den persönlichen Präferenzen, Hobbys oder Wahlkampagnen der Gäste. Die SonnTalker werden über die geplanten Diskussionsthemen gewöhnlich am Samstag schriftlich gebrieft. Natürlich wüssten sie inzwischen, dass die vorgeschlagenen Themen nicht sakrosankt seien, sagen Olivia Graf und Adrian Winkler, die die Sendung redaktionell mit vorbereiten. Passiere am Sonntag noch etwas Ausserordentliches, hätten die Sonntagszeitungen interessante Primeurs lanciert, würden die angesagten Themen zu Gunsten der Aktualität nullkommaplötzlich aus dem Sendeplan fliegen.

Je kontroverser ein Thema, desto attraktiver ist es für die Sendung. Als *hot issues* – heisse Themen – gelten zum Beispiel Fluglärm, Verhinderungspolitik (Stadion Zürich), Rauchen, Steuern, Blocher als Bundesrat oder die Verluderung öffentlicher Plätze, wie der alljährliche Güsel-GAU am Zürihorn. Hat ein Thema genug Fleisch am Knochen, wird es im SonnTalk grilliert. Gewisse Happen verzeichnen eine überaus lange Brennzeit. Die Turbulenzen der Airline Swiss und die Asyl- und Flüchtlingsthematik sind wahre Dauerbrenner. Beherrscht eine Frage während der Woche die Schlagzeilen, beispielsweise «Wie sollen Raser bestraft werden?», so liefert der SonnTalk dazu Meinungen und Einschätzungen. Darum sei die Sendung für die Meinungsbildung der Zuschauerinnen und Zuschauer enorm wichtig, wertet Markus Gilli. «Man fühlt sich in der eigenen Ansicht bestätigt – erfährt andere Aspekte oder wird durch gegenseitige Überzeugungen provoziert.» Via E-Mail werden sogar Diskussionsthemen vorgeschlagen. «Jetzt müssten doch wieder mal die Krankenkassen und ihre schamlosen Prämienerhöhungen drangenommen werden!», heisst es dann etwa.

Lieblinge und Metzger

Nicht nur zu den diskutierten Themen, sondern auch zu jedem einzelnen SonnTalker machen sich die Zuschauer ihre eigene Meinung. Jeder hat seinen Liebling, jede ihre Reiz- und Hassfigur. Zu den Lieblingsfiguren zählt beispielsweise Beatrice Tschanz, deren souveräne und einfühlsame Kommunikationsrolle beim Swissair-Absturz in Halifax die Leute heute noch nachhaltig beeindruckt – und den öffentlichen Aufruhr um ihre Millionenabfindung bei Centerpulse in den Hintergrund drängt. Auch die beiden Animaux politiques und Ex-Nationalräte Jean Ziegler und Ernst Mühlemann geniessen beim SonnTalk-Publikum hohe Akzeptanz. Obwohl oder gerade weil sie in gewissen Fragen total unterschiedlicher Meinung sind. Schawinski polarisiert. Je nach Tagesform und persönlichem Bezug zu den Themen in der Sendung ist er einmal Liebling, dann wieder Reizfigur. *They love to hate me*, sie lieben mich zu hassen, pflegte er früher als TalkTäglich-Moderator die starke Polarisierung in der Zuschauerwahrnehmung zu begründen.

Sehr gut platziert auf der Liste der Reiz- und Hassfiguren ist Klaus J. Stöhlker. Der Unternehmensberater und Buchautor ist dort nicht allein. Gute Gesellschaft leisten ihm SVP-Stratege Christoph Mörgeli und SP-Powerfrau Christine Goll. «Die Hexe muss weg» und ähnliche emotionale Ausbrüche habe er zur Person von Christine Goll schon zu Ohren bekommen, erzählt Markus Gilli.

Einmal, nach einem weiteren fulminanten Auftritt der streitwilligen Nationalrätin, hat sich der Programmleiter das Anrufprotokoll geben lassen. «Alle 15 Sekunden hats geschellt!» Praktisch jeder und jede habe sich über die «rotzfreche Art dieser Goll» beschwert und angedroht, nie wieder SonnTalk zu schauen. Ein Versprechen, das kaum einer einlöst. Denn der SonnTalk sei mittlerweile für viele so etwas wie ein Ritual. Die Sendung gehöre einfach zum Sonntag, würden ihm die Leute immer aufs Neue versichern.

Sein eigenes Ritual im Zusammenhang mit dem Sonn-Talk kennt auch Peter Hartmeier, Chefredator des *Tages-Anzeigers*. «Jedes Mal, wenn ich von einem TalkTäglich oder SonnTalk zurück in die Redaktion fahre, erwarten mich Dutzende von E-Mails mit Urteilen und Meinungen von empörten oder lobenden Zuschauerinnen und Zuschauern, die meist auch Leser des *Tages-Anzeigers* sind», berichtet Hartmeier. Die Gesamtzahl der E-Mails liege mittlerweile längst über tausend.

Wie differenziert und detailliert Reaktionen auf den SonnTalk-Auftritt ausfallen können, musste auch SVP-Nationalrat Hans Fehr erfahren. Erst wunderte er sich, warum er plötzlich so viele deftige E-Mails von Metzgern bekam. Dann kam es ihm wieder in den Sinn. Er hatte im SonnTalk in der Einstiegsrubrik «Lust und Frust der Woche» die Qualität der Schinkenbrötli im Intercity Zürich–Bern bemängelt. Dem SVPler wurde ein für alle Mal klar – im SonnTalk gehts bereits nach den ersten Sendesekunden um die Wurst. <

[1] *Name der TeleZüri-Redaktion bekannt.*

Die SonnTalk-Auswahl 2004

Markus Gilli	Programmleiter
Ueli Maurer	Präsident SVP Schweiz
Doris Fiala	Präsidentin FDP Kt. Zürich
Christine Goll	SP-Nationalrätin
Christoph Mörgeli	SVP-Nationalrat
Esther Girsberger	Journalistin *SonntagsZeitung*
Klaus J. Stöhlker	Unternehmensberater
Mario Fehr	SP-Nationalrat
Sonja A. Buholzer	Wirtschaftsberaterin
Beatrice Tschanz	Beraterin
Ulrich Giezendanner	SVP-Nationalrat
Roger Schawinski	Programmdirektor Sat1 (Deutschland)
Ernst Mühlemann	Alt-Nationalrat FDP
Peter Hartmeier	Chefredaktor *Tages-Anzeiger*
Daniel Vischer	Nationalrat Grüne Partei
Filippo Leutenegger	FDP-Nationalrat
Andreas Durisch	Chefredaktor *SonntagsZeitung*
Matthias Ackeret	Co-Chefredaktor *Persönlich*

Nicht mehr im ständigen Aufgebot (auf Grund zeitlicher und/oder geografischer Schwierigkeiten): Christoph Blocher, Bundesrat
Roger Köppel, Chefredaktor Die Welt *(Deutschland)*
Peter Rothenbühler, Chefredaktor Le Matin

Die Technik oder Vordergründiges von den Hintermännern

Dienstag, 20. Juli 2004, im Regieraum von Studio 2. Es ist leer, kein Mensch hier. Niemand würde glauben, dass in 13 Minuten aus dieser Kommandozentrale die nächste Liveausgabe der ZüriNews «gefahren» wird.

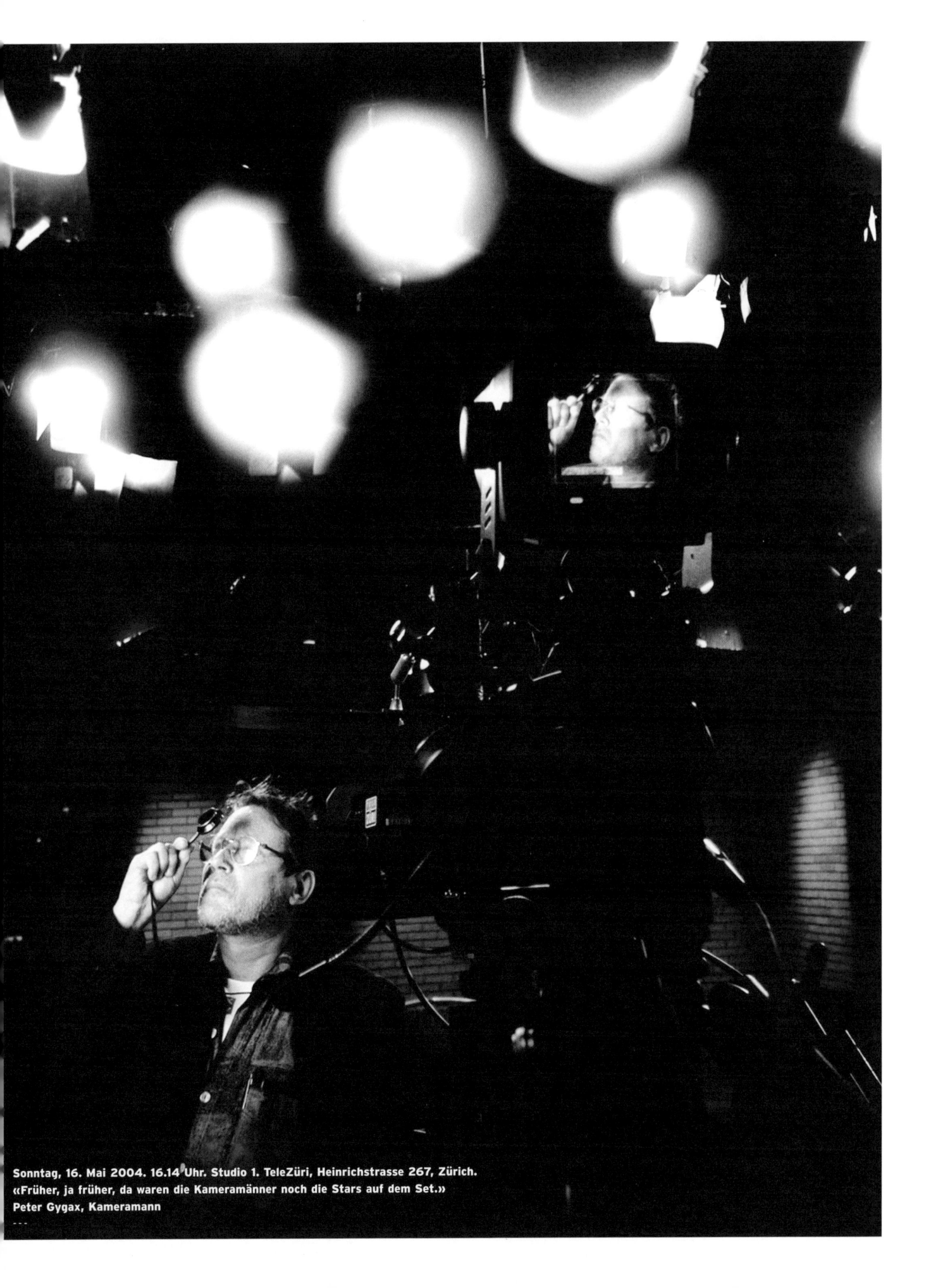

Sonntag, 16. Mai 2004. 16.14 Uhr. Studio 1. TeleZüri, Heinrichstrasse 267, Zürich.
«Früher, ja früher, da waren die Kameramänner noch die Stars auf dem Set.»
Peter Gygax, Kameramann

> Ausser die Crew von TeleZüri. Die muss das glauben. Denn die TeleZüri-Techniker sind schneller, als ihre Geräte schalten und spulen. Wenn es sein muss. Aber heute muss es nicht sein. Eine ruhige Kugel scheint anzurollen.

17.53 Uhr: Die Crew macht sich in der Regie breit. Die Mannschaft präsentiert sich wie folgt: Regisseur – Tino Zimmermann. Editor – Thomas Enz, Freelancer. Ton – Jörg Ziegler, Freelancer. Grafik – fehlt noch. Kamera – Peter Gygax. Mit Gygax sitzt ein alter Hase hinter der Kamera. Das heisst, er sitzt nicht direkt hinter diesem stattlichen Ding, dass er schon mal liebevoll «Töff» nennt. Gygax sitzt von der Kamera abgenabelt in der Regie. Der «Töff» im News-Studio ist ferngesteuert. Irgendwie scheint diese technische Neuerung Gygax nicht so richtig in den Kram zu passen. Gygax ist ein Kameramann der alten Schule. Natürlich hat er sich an die Roboterkamera gewöhnt. Wie an vieles während der letzten zehn Jahre. Gygax ist der Dienstälteste unter den Technikern. Als Einziger hat er seit der ersten TeleZüri-Stunde bis heute nonstop «durebüglet» – wie nur noch Bigi bei den «Journis». Canale, Häfliger und Boser sind zwar auch noch dabei. Aber die hatten zwischendurch mal eine Frische-Luft- oder Babypause.

Anna Maier und Josy Gyr – ein schönes Bild

17.57 Uhr: News-Produzent Reto Steinmann betritt den Regieraum. «Der Aufmacher kommt pünktlich», sagt er so gelassen, als wäre dies immer der Fall. Ist es aber nicht, wie jeder Cutter aus Erfahrung bestätigen kann. Wie oft habe er schon den Produzenten durch den Gang «mir gönd jetzt!» rufen hören, als der Aufmacher-Beitrag noch im Schnittgerät steckte, sagt Christian Schaub. Auch Schaub ist ein TeleZüri-Oldie wie Schnittraumkumpel Roman Peritz und die Video-Editors Felix Hürlimann und Serge Wohlgensinger, das grösste Multitalent der Abteilung Technik. Völlig normal sei es, dass zeitgleich mit dem Ausstrahlen des Aufmachers die anderen Berichte noch fertig geschnitten würden, sagt Schaub. So ist es auch heute. Und alles scheint ruhig zu verlaufen. Geradezu verdächtig ruhig.

17.58 Uhr: Marcel Ferri trifft in der Regie ein. Er wird während der Livesendung seine grafischen Arbeiten von einem Computerboard aus in das Fernsehbild eingeben. Zum Beispiel: Makros (die Grafik, die im TeleZüri-Fernsehbild links oberhalb des Moderators erscheint), Bauchbinden (Namen und Funktionen der Sprechenden) und andere Elemente. Die Grafik werde beim Fernsehen häufig unterschätzt. Nicht absichtlich, aber im stressigen Arbeitsablauf werde sie oft vergessen, meint Ferri. Nur einmal sei auch er im Mittelpunkt gestanden – an einem Weihnachtsessen. Programmleiter Markus Gilli schwang gerade seine Dankesrede und zeigte sich auch bei den Technikern für die geleistete Arbeit erkenntlich. Da habe plötzlich VJ Billeter einen Ad-hoc-Stand-up gemacht und laut «mir tanked au em Ferri» in den Saal geschrien. Das habe ihm gut getan – und seinen Grafikkollegen Ralph Bühler und Kerstin Landis auch. Wenigstens einmal sei die Grafik namentlich erwähnt worden.

17.59 Uhr: Jetzt kommt Hektik auf. Auf einem der Monitore in der Regie sieht man Moderatorin Anna Maier und die Schwyzer SP-Nationalrätin Josy Gyr. Die Satellitenverbindung Einsiedeln–Zürich steht. Maier und Gyr sitzen gemütlich auf einer Bank in einer kitschigsaftigen Wiese irgendwo am Sihlsee. TeleZüri auf dem Lande. «Das gibt aber ein schönes Bild ab», tönts in der Regie. Die beiden Frauen stimmen sich plaudernd für den SommerTalk ein. Aber wo ist der Ton? Der Ton fehlt. Irgendetwas scheint mit der Leitung nicht zu funktionieren. «Wo ist der Studiotechniker?», meldet sich Regisseur Zimmermann. Das wäre Xaver Aerni. Der hat heute frei. Also muss der Messtechniker Paul Grüninger her. Tönler Jörg Ziegler telefoniert mit der Aussenstation in Einsiedeln. Der Tontest will einfach nicht klappen. News-Produzent Steinmann – nicht mehr ganz so gelassen: «Jetzt gehen wir dann aber langsam auf Sendung.»

17.59.54 Uhr: «5, 4, 3, 2, 1 top!» Die Sendung läuft. Moderatorin Christine Schnyder sagt: «Herzlich willkommä zu de ZüriNews. Das hämmir hüt für Sie vorbereitet.» Es folgen die Schlagzeilen. Alles wie nach Plan. Die Anmoderation zum Aufmacher läuft. Die Moderatorin schliesst mit: «Es prichtet de Pascal Billeter.» Der Regisseur: «7 top!» Editor Enz startet per Knopfdruck die MAZ (Abspielgerät) Nummer 7. Das Band läuft. Der Bericht beginnt – am richtigen Ort, wie immer. Oder fast wie immer, denn einmal lief es ziemlich schief.

Das andere Bild zum Postraub

Ein Abend im September 1997. ZüriNews zum Fraumünster-Jahrhundertpostraub. 19 Uhr: In der News-Regie geht es drunter und drüber. In letzter Sekunde bekommt Editor René Häfliger ein Band mit dem exklusiven Aufmacher zugeworfen. Inhalt: Chefredaktor Mario Aldrovandi im Interview mit dem zuständigen Bezirksanwalt Rolf Jäger. Häfliger will trotz akutem Zeitdruck vom Produzenten Peter Röthlisberger wissen, ob der Time-Code auch wirklich stimme, ob der Bericht genau an dieser Stelle des Bandes starten würde. «Ja, mach schon!», tönt es.

Häfliger drückt den Knopf. Und schon ist Mario Aldrovandi im Bild. Nur – etwas stimmt da nicht. Aldrovandi mäandert ganz gemütlich in einem langen Gang hin und her, pfeift eine leise Melodie, lächelt. Er scheint sich richtig zu amüsieren. Aber wo ist das Interview? Wo ist der Bezirksanwalt? Was macht jetzt dieser Aldrovandi? Die Crew in der Regie ahnt Schlimmes. Der Time-Code ist offensichtlich falsch. Was da zu sehen ist, ist Aldrovandis *warm-up* für das Interview. Stress. Häfliger reisst das Tape aus dem Gerät. Moderatorin Ivana Imoli versucht mit beruhigenden Worten zu überbrücken.

Häfliger bekommt einen anderen Time-Code mitgeteilt. Ivana Imoli moderiert den Bericht von neuem an. Häfliger startet zum zweiten Mal die MAZ. Was jetzt folgt, ist schlicht unglaublich – kein Aldrovandi, kein Bezirksanwalt, sondern ein Schirmständer! Der exklusive Aufmacher ist also ein Schirmständer. Sekunden über Sekunden ein Schirmständer – und sonst nichts. Der Kameramann hat offensichtlich die Bildschärfe für das Interview an diesem Schirmständer ausgetestet. Das ist alles, was man an dieser Stelle auf dem Band und damit live über den Sender zu sehen bekommt. Der Time-Code ist wieder falsch. Die Regie weiss nun nicht mehr, ob sie gleich in den Boden versinken oder sich vor Lachen auf dem Boden kugeln soll.

Letzteres war der Fall. «Als Moderatorin hätte ich am liebsten den Schalter gekippt», erinnert sich Ivana Imoli. Mit Lach und Krach schaffte es die Regie gerade noch, zum ersten Mal in der Geschichte von TeleZüri die «Entschuldigen Sie die Unterbrechung, es geht gleich weiter»-Tafel in die Livesendung zu schalten.

Zurück zum 20. Juli 2004. 18.03 Uhr: Moderatorin Schnyder moderiert den Bericht von Annette Huber an. Editor Enz bemerkt, dass ihm der dritte Beitrag immer noch fehlt. Produzent Steinmann will sich nun persönlich darum kümmern. Er verlässt die Regie Richtung Schnitträume. Regisseur Zimmermann gibt das nächste Kommando für Editor Enz: «8 top.» Der Bericht läuft an. Kameramann Gygax bereitet die Einstellung für die nächste Moderation vor. 2 Minuten 20 Sekunden hat er dafür Zeit. Eine Fernseh-Ewigkeit.

Gygax und Romy Schneider

Es gebe wohl kaum einen aus der Schweizer Prominenz, der ihm noch nicht vor der Linse gestanden sei, meint Gygax. Um ein Haar – und damals trug Gygax seine Haare noch hippie-lang – wäre ihm fast europäische Prominenz, nämlich Sissi-Ikone Romy Schneider, vor die Linse spaziert. Das war Anfang der Achtziger. Der gelernte Fotograf Gygax verdingte sich in Berlin, absolvierte die renommierte Filmhochschule. Er kannte den Produzenten Artur Brauner. Der wollte ihn als Kamera-Assistenz in «La passante du Sans-Souci». Aber als Schweizer gab es für ihn keine Arbeitsbewilligung. So fanden die Dreharbeiten zu Romy Schneiders letztem Film ohne Gygax statt.

Nach Abschluss der Berliner Filmhochschule besorgte er sich die Papiere für die Ausreise in die USA. Der Achsensprung über den grossen Teich war nur noch eine Frage der Zeit. Aber Gygax wäre nicht Gygax, hätte er sich vor der Auswanderung nicht nochmals in der Beiz in seinem geliebten Solothurn gezeigt. Und sich gemütlich ein, zwei (oder drei) «Halbeli» genehmigt. Irgendein Kumpel habe ihn dann zur späten Stunde «überschnurred», sich beim Schweizer Fernsehen zu bewerben. Er könne es auch heute kaum glauben – gut, er sei «voll und zugekifft» gewesen –, dass er in jener Nacht tatsächlich eine Bewerbung auf einen Fötzel gekritzelt hatte. Mit Folgen: Gygax landete nicht in Hollywood, sondern am Leutschenbach.

18.04 Uhr: Produzent Steinmann kommt aus dem Schnitt zurück. «Programmänderung!» Als Nächstes folge der vierte Beitrag; der dritte sei noch im Schnitt. Regisseur Zimmermann informiert Moderatorin Schnyder. Die hört

Zimmermanns Stimme in ihrem «Ohrnuggi» (Ohrstöpsel, verbunden mit der Regie). Die Finger der Moderatorin rascheln durch ihre Textblätter. Deskerin Bettina Ramseier adjustiert den Tele-Prompter, den Moderatoren-Spick. Zum Job des Deskers gehört neben der Redaktion der internationalen und nationalen Kurznachrichten auch das Bedienen des Tele-Prompters. Das Handling des anfälligen Geräts ist tückisch, wie die beiden hauptamtlichen Desker Bettina Ramseier und Andrea Wyler aus eigener Erfahrung wissen. Immer wieder kommt es vor, dass der Moderatorentext, der via Computer auf die Kameralinse projiziert wird, nicht erscheint, komisch-kryptisch erscheint oder plötzlich verschwindet. Dann hilft in der Regel nur eins: der Ruf nach dem «Lenz». Martin Lenz und sein Assistent Justin Widmer sind für die EDV am Sender zuständig. Lenz schafft es immer wieder, diesen Tele-Prompter, der meistens prompt vor der Sendung abstürzt, nach misstrauischem «cha nöd sii» irgendwie zum Laufen zu bringen.

Apparatschik und Coiffeur

18.05 Uhr: «Achtung, noch zehn», sagt Regisseur Zimmermann ins Mikrofon. Annette Hubers Bericht läuft gerade noch zehn Sekunden. Christine Schnyder konzentriert sich auf den nächsten Einsatz: «Kamera 5 top.» Die Moderatorin ist live im Bild. Wenige Sekunden später folgt der Bericht von VJ Lerch. Der Beitrag handelt von der Strafanzeige der Schweizer Sport-Toto-Gesellschaft (STG) gegen den FCZ. Der Stadtclub lässt sich neuerdings von einer österreichischen Glücksspielfirma sponsern. Der Inhalt der Story interessiert die Regie-Crew mässig. «Hey, warum tönt der jetzt so schwach?», ruft Produzent Steinmann plötzlich in die Runde. Roger Hegi, Präsident der STG, erklärt im Bericht die Gründe für die Strafanzeige gegen den FCZ. Der ehemalige GC-Trainer ist nur auf einem «GF» (Bildtafel mit Foto) zu sehen. «Sorry, der war halt am Natel im Auto», entschuldigt VJ Lerch die schlechte Tonqualität. Hegi habe keine Zeit gehabt anzuhalten. Schon gar nicht für ein kurzes Interview vor der Kamera.

Der Videojournalismus habe den Beruf des Kameramanns kaputtgemacht, behauptet Gygax. Das Multifunktionale sei nicht sein Bier. Er gebe zu, dass einige der VJs ihre Kleinkameras wirklich gut beherrschten. Aber früher, ja früher, da seien die Kameramänner die Stars auf dem Set gewesen. Da galt das Handwerk, ja das Kunstwerk noch etwas. Jeder ambitionierte Kameramann wie er wollte irgendwann zum Film. Die Fernseharbeit habe sich als hervorragende Praxis für das spätere Filmschaffen geeignet, schwärmt Gygax. Heute drücke er als Fernsehkameramann vor allem Knöpfe und bediene Schalter. Gygax, der Apparatschik. Natürlich – eine News-Sendung sei keine Kunstgattung. Aber früher, in den ersten zwei Jahren bei TeleZüri, da sei wenigstens noch experimentiert worden. «Wir haben vor allem auch improvisiert», erinnert sich René Häfliger, auch er Mann der ersten Stunde. Die grösste Herausforderung für ihn als Regisseur sei Moderator Hugo Bigi gewesen. «Der hat sich bei seinen Livemoderationen fast nie an seine geschriebenen Texte gehalten. Ich wusste nie richtig, wo wir gerade waren und wann der nächste Bericht gestartet werden musste.»

18.08 Uhr: Die Moderation läuft genau nach Text und die ZüriNews-Sendung ganz nach Plan. Es folgen die internationalen Kurznachrichten. Inzwischen ist der ursprüngliche Beitrag Nummer drei fertig geschnitten und sendebereit. Trotz Verzögerung sei keine hektische Stimmung im Schnittraum aufgekommen, berichtet Christian Schaub, der VJ Grafs verspätete Geschichte geschnitten hat. Die Stimmung im kleinen Raum sei nicht ganz unwichtig. «Kommt der VJ spät und gestresst in den Schnitt, weil einiges in der Produktion seiner Geschichte nicht geklappt hat, und du gibst ihm als Cutter auch noch Saures, dann wirds eng», weiss Schaub. Oft müsse der VJ erst einmal seinen Frust abladen, sich Luft verschaffen. «Als Cutter bist du dann so etwas wie ein einfühlsamer Coiffeur.» Überhaupt: In den vielen Jahren TeleZüri habe er immer wieder festgestellt, dass sich die Schnitträume gut als stille Örtchen für geheime Gespräche eignen. Logisch, sie sind ja schalldicht. «Und klimatisiert», fügt Schaub hinzu.

Das «Essendschii» macht Karriere

18.12 Uhr: Die letzte halbe Minute von VJ Grafs Beitrag läuft. Anna Maier macht sich für den Liveeinsatz auf dem SommerTalk-Set am Sihlsee bereit. Es folgt der Anruf ins SNG. SNG steht für Satellite News Gathering. Bei Tele-

Züri nennt man das SNG liebevoll «Essendschii». Es dient dem Sender als Mini-Übertragungswagen für Liveproduktionen ausserhalb des Studios. «Ja, alles gut», heisst es aus Einsiedeln. Die Satelliten-Verbindung steht immer noch. Verantwortlich für das «Essendschii» ist Manuel Bas. Keiner war in der Geschichte von TeleZüri und Tele 24 so viel *on the road* wie er. Der Techniker mit der modischsten Frisur hat seit der Anschaffung des Mobils 1998 weit über 1000 Liveschaltungen und Übertragungen satellitentechnisch gemanagt.

Auch für andere Sender wie *ARD, RTL, Sat1, Pro7* stand und steht das «Essendschii» immer wieder im Einsatz. Im Herbst 2001 hätten sie kaum mehr Zeit zu Hause verbracht, seien dauernd unterwegs gewesen, erinnert sich Bas. Swissair-Grounding, Amoklat in Zug, Brandkatastrophe im Gotthard – Manuel Bas war mit seinem Satelliten-Fahrzeug immer als einer der Ersten am Ort des Geschehens. Darum war das «Essendschii» so begehrt. TV- und Radiojournalisten aus ganz Europa benutzten seine Technik und Infrastruktur für Liveproduktionen. «Wir stellten Rechnungen aus von über 90 000 Franken», schmunzelt er.

Der Tönler, die blinde Kuh und schon wieder Stöhlker

Bei den ganz grossen Kisten wird jeweils ein Übertragungswagen dazugemietet. Dies ist zum Beispiel bei der Liveübertragung der Street Parade der Fall. Der Inhalt der ersten grossen Kiste in der Geschichte des Senders war aber nicht etwa Techno, sondern – Tennis. Da konnte sich der Lokalsender zum ersten Mal mit den Grossen messen. Einer wurde sogar regelrecht abgeduscht. Es geschah während des Swiss Open in Gstaad, von wo aus 1995 und 1996 während 9 Tagen ein tägliches Magazin produziert und die wichtigsten Matches live ausgestrahlt wurden. Die Gstaader Sonne machte dem Übertragungswagen von Freelancer Marcel Schaps so arg zu schaffen, dass es sogar der Klimaanlage zu heiss wurde. Sie fing an zu brennen. Schaps, der nicht wollte, dass sein Geschäft, also sein Ü-Wagen, vor seinen Augen zu Grunde ging, besorgte sich sofort einen Schlauch. Feuerwehrmässig spritzte er seinen Wagen ab. Dummerweise traf der Wasserstrahl auch das Up-link-Fahrzeug von *Eurosport*, die gerade live sendeten. Und plötzlich gesendet hatten. Die TeleZüri-Dusche bescherte dem Sportkanal ein unerwartetes Timeout.

18.15 Uhr: Manuel Bas und die Crew am Sihlsee sind einsatzbereit. Inzwischen ist auch der Beitrag zur Neueröffnung des «Fressbalkens» über der A1 bei Würenlos über den Sender. Moderatorin Christine Schnyder sagt, dass der heutige SommerTalk aus Einsiedeln komme, und übergibt das Wort ihrer Kollegin Anna Maier. Regisseur Zimmermann: «Und top!» Schon sendet TeleZüri aus Einsiedeln. Die beiden Kameramänner vor Ort, Michael Auf der Mauer und Giuseppe Palmieri, geben ihr Bestes. Sie bieten einen imposanten Kameraschwenk über die kitschig-grüne Matte mit dem Sihlsee im Hintergrund. Aber wo bleibt der Ton? Jetzt kommt Anna Maier ins Bild, sprechend, aber nicht tönend. Die Mienen in der Regie verfinstern sich. Die Blicke richten sich auf Tönler Ziegler. Aber der scheint im Moment auch nicht zu wissen, wo das Problem liegt. Endlich: Anna Maier und SP-Nationalrätin Josy Gyr sind zu hören, natürlich mitten im Satz. … «und in wenigen Augenblicken sehen wir uns da im SommerTalk live aus Einsiedeln», sagt Maier, und schon ist die Liveschaltung vorbei.

18.16 Uhr: Die Sendung ist gelaufen. Es folgen der Börsenbericht, das ZüriWetter, Werbung und das Züri-Info, welches heute zwischen 17 und 18 Uhr aufgezeichnet wurde. Moderatorin Schnyder und Deskerin Ramseier schlendern smalltalkend zum News-Studio hinaus. In der Regie scheint niemand Lust auf Smalltalk zu haben. Es wird diskutiert, nicht heftig, aber irgendwie frustriert. Immer noch wird gehadert mit diesem Ton, der zu spät kam. C'est le ton qui fait la musique. Aber es ist nicht der Ton, der das Fernsehen macht. Das erleben alle, die sich beim TV statt aufs Fernsehen aufs Fernhören spezialisieren. Thomas Föllmi, zusammen mit Pascal Müller hauptamtlicher Tönler bei TeleZüri, sagt: «Wenn das Bild gut ist, dann ist alles gut.» Nach einer Sendung heisse es meistens, momoll, das habe doch ganz gut ausgesehen. Um den Ton kümmere man sich erst, wenn etwas schief laufe.

Das Bild hat Vorrang. Das ist ein Fernseh-Axiom. Dann kommt der Ton. Rezeptionsanalytiker weisen schon längst darauf hin, dass in der Wahrnehmung eines Fernsehauftritts der Ton zwar eine sekundäre, aber eine wichtige

Rolle spielt. Wichtiger als der textliche Inhalt, auf jeden Fall. Es gilt die Reihenfolge: Bild, Ton, Text – und nicht umgekehrt. Medientrainingerprobte Politiker und CEOs wissen das. Moderatoren und Moderatorinnen auch. Als Christine Schnyder auf einen Drink im Zürcher Restaurant «Blinde Kuh» war, einem Ort, wo es stockdunkel ist, wurde sie an der Stimme erkannt. Eine ältere blinde Dame habe ihr ein wunderschönes Kompliment gemacht: «Sie meinte, meine Stimme sei für sie ein Stück Heimat.» TeleZüri zu hören, sei Teil ihres Lebens.

Föllmi sagt, die Arbeit des Tönlers sei nicht zu unterschätzen. «Es ist Präzisionsarbeit, du musst auf die Hundertstelsekunde genau sein.» Das hat heute offensichtlich – oder besser gesagt – offen hörbar nicht immer geklappt. Ein kurzer Konzentrationsmangel, eine kleine Fehlschaltung am Studiomischpult – das ists gewesen. Weiter nichts Schlimmes. Ob Ton oder Bild – grundsätzlich sind auf TeleZüri im Vergleich mit nationalen und internationalen Sendern wenig technische Flops zu bestaunen. Die Moderatoren und Moderatorinnen wissen, dass sie sich auf ihre Kollegen im «Hintergrund» absolut verlassen können. Man müsse ihnen wieder mal ein Kränzchen winden, meint Ivana Imoli: «In letzter Zeit gibt es praktisch keine Pannen mehr.»

Dies mag mitunter ein Grund sein, dass die Arbeit und die Verdienste der Technik manchmal fast in Vergessenheit geraten. «Hie und da werden wir auch von Studiogästen vergessen», erklärt Föllmi. Einmal sei ein Sonn-Talk-Gast, er glaube, es sei Klaus J. Stöhlker gewesen, nach der Sendung sofort mit Mikrofon am Revers und Funksender am Gürtel zum Studio hinausgestresst. Sie hätten den unbeabsichtigten «Diebstahl» erst bemerkt, als sich Stöhlkers Stimme plötzlich in der Regie aus den Lautsprechern zurückmeldete und irgendetwas von «Taxi» schwafelte. Er, Föllmi, sei noch in den Hof hinuntergerannt. Da war das Taxi mit Stöhlker schon weg.

Der Regisseur und das Swissdate-Baby

18.25 Uhr: Regisseur Zimmermann holt sich das Band mit der Einspielung aus Einsiedeln. Es ist ein «clean feed». Die Übermittlung war sauber («clean»), ohne Fehler, mit Ton. Die Tonsünde passierte also im Studio und nicht in Einsiedeln. Mit dem «clean feed» und dem Sendeband geht der Regisseur in den Schnitt. Dort wird er innerhalb weniger Minuten den «clean feed» aufs Sendeband schneiden und das korrigierte Band an die Ablauf-Regie zur 19-Uhr-Austrahlung weitergeben.

Neben seiner Regiearbeit für die News- und Talksendungen steht Tino Zimmermann seit Jahren auch als Regisseur von Swissdate im Einsatz. Seine Beziehung zur erfolgreichsten Partnerwahl-Show in der Schweizer Fernsehlandschaft könnte enger gar nicht sein. Der Tino hat ein echtes Swissdate-Baby: Amélie, seine Tochter, die im März 2002 auf die Welt kam. Mutter Karin war einmal Hauptkandidatin in der Sendung, Vater Tino der Regisseur. Es kam, wie es selten kommt: Kandidatin und Regisseur verliebten sich, wurden ein Paar und waren bald zu dritt.

18.35 Uhr: Der Bock in den ZüriNews ist geflickt. Kein Problem für Multitechniker Zimmermann. Multitechniker? Das Wort stösst bei vielen sauer auf. Manuela Casasola könnte davon ein Lied singen. Seit Jahren ist sie die starke Frau in der Technikerwelt, die bei TeleZüri seit je mit wenigen Frauen besetzt ist (im Sommer 2004 nur gerade mit Sandra Nünlist im Schnitt und Kerstin Landis in der Grafik). Casasola disponiert und organisiert die Arbeitseinsätze. Sie bestimmt, an welchem Tag einer im Schnitt, dann wieder in der Regie oder am nächsten Tag im Ablauf sitzt. Das Multitechniker-Prinzip ist effizient und vor allem Kosten sparend. Und bei den Technikern umstritten. Nicht jeder will dazu offen Stellung nehmen.

Multitechniker und immer wieder ein Stossgebet

Thomas Anhorn schon. Er ist der Prototyp des Multitechnikers. «Praktisch überall einsetzbar», meint der Mann, der Bundesrat Leuenberger stimmlich besser imitiert als Walter Andreas Müller. Anhorn hat die klassische Karriere des TeleZüri-Technikers gemacht. Erst war er im Ablauf. Dann im Schnitt. Später in der Regie als Editor. Als Krönung nahm er schliesslich auf dem Stuhl des Regisseurs Platz. Das Problem mit dem Konzept des Multitechnikers sei die mögliche Verwässerung der Qualität, sagt Anhorn. «Der Tönler ist ein Profi, der Cutter ist ein Profi, der Kameramann und der Regisseur sind es genauso.» Wenn nun jeder alles mache – oder machen müsse –, fehle womöglich das gewisse «Gschpüri», das den Spezialisten vom Generalisten unterscheide. Er glaube aber nicht, dass die Zuschauer diese Nuancen gleich merken würden. Intern unter Profis sehe und höre man die Unterschiede schon. Andrerseits fördere die multifunktionale Tätigkeit auch den Sinn für das Ganze. «Fernsehen ist Teamwork», sagt Anhorn und möchte betont haben, dass er sich als Multitechniker eigentlich recht wohl fühle.

18.45 Uhr: Tino Zimmermann bringt das korrigierte Sendeband in die Ablauf-Regie. Dort sitzt Sendeleiter und Multitechniker Roger Kohler, der heute als «Abläufler» die Abendschicht schiebt. Er wird dafür sorgen, dass die richtigen Sendungen und die richtigen Werbeblöcke zu den richtigen Zeiten über den Bildschirm flimmern. So auch der SommerTalk, der zurzeit noch live auf dem Sender ist. SommerTalk – das ist für die Techniker wie Weihnachten. Einigen sind diese Aussenübertragungen heilig. Endlich wieder mal aus dem Studio raus, den Alltag durchbrechen, Neues ausprobieren, kreativ sein, sich überraschen lassen – nur schon vom Wetter. Die Regisseure Schelling, Zimmermann und Anhorn haben schon manches Stossgebet gen Himmel gesendet, die Kameramänner Grünig, Auf der Mauer, Calvetti und Schweizer jedem Sturm getrotzt. Immer fand eine Sendung statt.

Die Seepolizei und das ungeöffnete Couvert

«Extrem spitz», so Robert Schelling, sei es bei einer Aussenproduktion am Zürifäscht 1998 geworden. Da habe er wirklich befürchtet, die Sendung würde zum allerersten Mal ins Wasser fallen. Um 18.20 Uhr hätten er und Moderator Bigi auf dem Steg am Bürkliplatz die Moderationen zu den ZüriNews von 19 Uhr aufgezeichnet. In knapp zehn Minuten war die ganze Aktion unter Dach und Fach. Gut. Nur – wie kommt man am Zürifäscht mit Hunderttausenden von Leuten in knapp 30 Minuten vom Bürkliplatz zum Escher-Wyss? Ganz einfach: auf dem Wasser. Die Seepolizei – Freund und Helfer – transportierte die Crew die Limmat runter bis zum Landesmuseum. Dort wartete ein Taxi. Um 18.50 Uhr hechtete Schelling in die Regie auf dem Steinfels-Areal. Er schnitt in Rekordzeit die aufgezeichneten Moderationen zusammen. Punkt 19 Uhr, «keine Sekunde später», starteten die ZüriNews. Moderator Bigi begrüsste auf dem Sender die Zuschauer mitten in wunderschönstem Zürifäscht-Ambiente – währenddem er mit Schelling ausgepumpt in der Regie sass. Wäre Schawinski im Studio gewesen, er hätte ihnen wohl mit einem «schaurig guet» auf die Schultern geklopft.

Schawinski habe schon mächtig Dampf gemacht, erinnert sich Gygax. Dabei sei ihm der Name Schawinski kaum geläufig gewesen, als er im September 1994 zu TeleZüri stiess. Fast hätte er auch diesen Sprung verpasst. Nachdem Peter Gygax bei der SRG den Bettel hingeschmissen hatte, arbeitete er einige Zeit freelance als Fotograf und Kameramann. Ganze zwei Monate lang habe ein Couvert von Radio 24 ungeöffnet auf seinem Schreibtisch gelegen. «Ich dachte, das sei irgend so eine Werbeaktion.» Eines Tages öffnete er es. Trudy Zahner, Roger Schawinskis langjährige Sekretärin, lud ihn zu einem Bewerbungsgespräch fürs «Fernseh vo Züri» ein. Gygax tat, was er tun musste. Er meldete sich beim technischen Leiter Peter Canale und bekam, was er wollte – einen spannenden Job. Und jeden Abend einen «Töff». <

Mallorca-Kameras, Gummistiefel und Computer-Chips

Peter Canale konzipierte und entwickelte die Studios von TeleZüri und Tele 24. Der technische Gesamtleiter des Senders ist ein Befürworter der Multitechnik. Ein Studiogespräch.

>

Hugo Bigi: Was spricht für das Konzept des Multitechnikers?
Peter Canale: In erster Linie ist es Kosten sparend. Zweitens können unsere Leute dank der multifunktionalen Tätigkeiten Einblicke in andere Bereiche der Fernsehtechnik gewinnen. Sie werden besser gerüstet sein auf neue Technologien, die kommen werden. Es ist also bereits ein interessanter Blick in die Zukunft.
HB: Aber die Qualität des heutigen Produkts leidet …
PC: Das mag manchmal zutreffen. Aber nur in den ersten vier Monaten nach der Einführung in die Multitechnik. Nachher nicht mehr. Klar, der eine ist vielleicht im Schneiden kreativer, ein anderer besitzt mehr Flair für die Tontechnik. In der Regel pendeln sich die Unterschiede schnell auf ein akzeptables Niveau ein. Wir machen ja News und keine Kunst.
HB: Warum arbeiten so wenige Frauen in der TeleZüri-Technik?
PC: Es interessieren sich einfach weniger Frauen für diese Arbeiten. Da es in der Schweiz keine Schule für Fernsehtechnik gibt, werden die Leute aus den Bereichen der Radio- und Fernsehelektronik rekrutiert. Diese Stellen sind eher von Männern besetzt. Sobald die technische Arbeit einen gewissen künstlerischen Aspekt bietet, dann sind die Frauen auch zahlreicher. Zum Beispiel an der Kamera oder im Schnitt.
HB: Was war dein bisher verrücktestes Erlebnis mit Tele-Züri?
PC: Das war im Herbst 2000, als das Tessin von grossen Überschwemmungen heimgesucht wurde. Wir waren mit unserem SNG-Mobil für TeleZüri und Tele 24 Richtung Locarno unterwegs. Das Ziel war, mitten aus dem Überschwemmungsgebiet live zu senden. Eine Polizeieskorte lotste uns in das abgeriegelte Locarno hinein. Leider blieben wir samt Polizei im 40 Zentimeter tiefen Wasser stecken. Unser Satellitenfahrzeug war nicht mehr zu gebrauchen, die Livesendung aber noch nicht ins Wasser gefallen. Das Tessiner Fernsehen zeigte, was wahrer Service public ist: Sie halfen uns mit ihrem Ü-Wagen aus, boten uns uneigennützig einen super Service. In neuen Gummistiefeln und (fast) alter Frische gingen wir um 18 Uhr pünktlich und live auf Sendung.
HB: Wie sieht der Technik-Chef TeleZüri heute im Vergleich mit 1994?
PC: Die technischen Abläufe sind viel professioneller. Darin liegt wohl der grösste Unterschied. Was die Hardware anbelangt, erlebten wir eine rasante Entwicklung im Videojournalismus. Die Digitalisierung bringt nicht nur bessere (Bild-)Qualität, sondern auch mehr Akzeptanz. Als wir am Anfang mit den «Mallorca-Kameras» (Hi-8-Kameras) unterwegs waren, wurden wir kaum ernst genommen. Ich erinnere mich, wie nach dem Europacup-Match GC gegen Sampdoria Genoa unser erster Sport-VJ Reto Hug abschätzig behandelt wurde. Als er ein Interview mit dem Sampdoria-Trainer machen wollte, schmissen ihn die italienischen Sicherheitskräfte aus dem Stadion. Sie dachten, er sei irgend so ein verrückter Fan mit einer Ferienvideokamera.
HB: Wie wird sich TeleZüri technisch weiterentwickeln?
PC: Die Videojournalisten werden ihre Berichte selber schneiden. Das ist der nächste Schritt. Selbstverständlich werden wir weiterhin professionelle Cutter beschäftigen, die dann in erster Linie für den schnellen Schnitt zuständig sind. Wir gehen davon aus, dass unsere VJ-Kameras irgendwann nicht mehr mit einem Digital-Tape, sondern mit einer CD oder einem Chip ausgerüstet sein werden. Der VJ wird den Chip mit dem aufgezeichneten Material auf seinen Laptop laden und darauf den Beitrag fixfertig produzieren. Dann sendet er seinen Bericht vom Laptop direkt auf den Server – und schon ist die Story sendebereit. Das ist die Zukunft. <

Samstag, 7. August 2004. 15.13 Uhr. Street Parade. Utoquai, Zürich.
«Wir machen News und keine Kunst.»
Peter Canale, Leiter Technik

Bettwaren-Fischer und Feng-Shui-Kenny. Der Patron ist der Werbestar

«Grüezi. Min Name isch Fischer vo de Bettwaräfabrik Fischer, Wädischwiil.» Ernst Fischer ist ein Star. Ein Werbestar.

Dienstag, 15. Juni 2004. 9.03 Uhr. Heinrichstrasse 267, Zürich.
«Wenn wir einen echten freien Markt haben, dann können wir uns auch selber finanzieren.»
Tarkan Özküp, Werbe- und Verkaufschef

Sonntag, 20. Juni 2004, 16.45 Uhr, Landstrasse 189, Wettingen.
«Hoi zäme! Da isch de Kenny vo Kenny's Autocenter.»
Kenny Eichenberger, Garagist

› Dabei sieht er gar nicht so aus. Kein Gel im Haar, kein Colgate-Smile im Ibiza-gesengten Gesicht, kein Holmes-Place-gestählter Body. Um ihn herum keine aufgespritzten Miami-Beach-Chicks, sondern nur Federn. Einfach Federn, jede Menge Federn. «Fädärä vo totä Tier», wie er im Tonfall des respektierten Lehrmeisters bemerkt. Das sagt Fischer rund 18 Mal innerhalb von 24 Stunden. So oft werden die Werbespots auf TeleZüri täglich wiederholt. Man glaubt es ihm, diesem Prototyp des helvetischen KMUlers, dass die Produktion seiner Daunenfedern sauber ist. Mindestens so sauber wie seine weisse Arbeitsschürze.

40 Jahre lang hat Ernst Fischer traditionell in Zeitungen für seine Bettwaren geworben. Im Jahr 2002 wagte er – werbemässig – den Sprung von der Bettkante in das Neuland der Fernsehwelt. Das Risiko hat sich gelohnt. Das Fliegen seiner Federn im TV-Spot verleiht Fischers Bekanntheit Flügel. Dabei hätten sie den Leuten nur einmal zeigen wollen, was sie im Betrieb machen, meint Fischer mit kaum zu überbietender Bescheidenheit. Des Patrons Anschauungsunterricht zur politisch korrekten Herstellung von Duvets und Kissen hat sich zum wahren PR-Hit gemausert. Die Message könnte besser nicht sein. Wer beim Fischer seine Bettwaren kauft, der kauft nicht nur gute Schweizer Qualität. Er kauft auch gleich ein gutes Gewissen. Und ein gutes Gewissen ist bekanntlich immer noch das beste Ruhekissen.

«Steht der Patron im Werbespot selber vor die Kamera, dann will er vor allem das Vertrauen der Kunden und Fernsehzuschauer in sein Produkt und Unternehmen wecken», erklärt Kundenberater Michael Zweifel. Fischers Selbstdarstellungen wecken tatsächlich auf. Einige Leute kommen nach Wädenswil in sein Geschäft, nur weil sie die Werbung am Fernsehen gesehen haben. Weil sie vor allem ihn, den «Fischer vo dä Bettwaräfabrik Fischer, Wädischwiil» gesehen haben.

Die Wirkung seiner Fernsehwerbung spürt der bekannteste Bettwarenfabrikant der Region nicht nur im Geschäft. Auch auf der Strasse wird der Mann erkannt. «Lueg, das isch doch dä dette vo de Bettwarä», höre er die Leute tuscheln. Fischer, der nicht berühmt werden, sondern in der Werbung über die korrekte Qualität seiner Produkte informieren wollte, macht sich über seinen Promi-Status keine Gedanken. Obwohl es werbemässig gut sei, empfinde er das ganze Drum und Dran schon ein wenig «en Chabis».

Duzen wie Schawinski

«Hoi zäme, da isch de Kenny vo Kenny's Autocenter.» Er ist der Trendsetter der personalisierten Werbung im Lokalrundfunk – Kenny Eichenberger, Garagist in Wettingen. Sein unverblümtes «Hoi zäme, da isch de Kenny» erquickte oder erschreckte schon in den 80er-Jahren die Radio-24-Hörer. Diese direkte Art der Kundenakquisition («chömed doch go luege, es lohnt sich») war neu in der Radiowerbewüste. Kenny, der einst auf einem Kiesplatz in Buchs Occasionen aufpeppte und verramschte, setzte in seinen Radiospots konsequent Schawinskis Duztaktik ein. Er hatte damit ähnlichen Erfolg. Manch einer, der auf seinem Peugeot einen Radio-24-Kleber stolzieren liess, erstand seine Karosse bei Kenny's. Oder er ging dort wenigstens mal auf ein «Bsüechli».

Heute verspricht Kenny in seiner TV-Werbung nicht nur ein «Bsüechli» sondern auch ein «Käfeli». Und viel Feng-Shui. Feng-Shui, was auf Deutsch etwa so viel heisst wie «der Weg des Windes und des Wassers», ist die Kunst eines Lebens in Harmonie mit der Umgebung. Dank Feng-Shui soll das «Bsüechli» bei Kenny zu einem wohl- und wohnfreudigen, harmonie- und kraftvollen, wenn nicht sogar spirituellen Erlebnis werden. Kennys Grossgarage steht auf einer Kraftlinie. Die führt direkt zur berühmten Emma-Kunz-Grotte, dem Wallfahrtsort der Kraftgläubigen. Sein Autocenter, das architektonisch nach den Prinzipien der taoistischen Kunst des Feng-Shui konzipiert wurde, ist also ein Kraftort. Erst recht mit den PS seiner Mercedes und Smart.

Der Grossgaragist ist vom positiven Einfluss des Feng-Shui auf sein Geschäft überzeugt. In den ersten zwei Wochen nach der Eröffnung des Centers verkaufte er gleich 65 Autos. In der Öffentlichkeit wird er aber vor allem auf das «Käfeli» angesprochen. Sei es im FIFA-Club im Sonnenberg oder an der Street Parade. Die Leute würden ihm überall zurufen: «Hey, Kenny, wir kommen zu dir ein Käfeli trinken.» Wenn er irgendwo zur Tür hinausgehe, würde man ihm «Tschüss zäme» nachrufen. Die zwei Worte, die Kenny seit Jahren am Schluss seiner Werbespots platziert. Die Werbung auf TeleZüri habe seiner bekannten Stimme das Gesicht gegeben. Es steht in der Grossregion Zürich mittlerweile irgendwie für Smart und Mercedes. «Es gibt ja keinen Herrn Mercedes», lacht der erfolgreiche Geschäftsmann.

Hingegen gibt es eine Frau Eschenmoser. Zusammen mit ihrem Mann Alfons baute Ruth Eschenmoser in den 50er-Jahren den ersten Discounter für Markenartikel auf. Jahre später erfolgte eine weitere Pionierleistung. Der schweizweit bekannte Eschenmoser bekam sein öffentliches Gesicht: Die Chefin trat im TV-Spot auf. Und schuf sich damit den Status der Grand Old Swiss Lady der personalisierten TV-Werbung.

Mit Babyworld und Knorr-Suppen zum Break-even

Nicht alle Firmeninhaber, die auf TeleZüri werben, präsentieren sich in ihren Spots gleich selbst. Gregor Staeger, Mitinhaber der Staeger AG, Thalwil, war einer der ersten Werbekunden von TeleZüri überhaupt. Er hielt es nicht für nötig, sich in der Werbung gleich selbst zu präsentieren. Staeger AG entschied sich für die Zurschaustellung des Ladens und der Artikel. Die TV-Spots bestehen aus einer Kamerafahrt, die den Zuschauer sofort in die Staeger-Verkaufsräume und damit in die Welten von Bang&Olufsen und Sony entführt. Die Werbekamera brachte das Geschäft tüchtig in Fahrt. «Mit dem Werbeauftritt im TeleZüri konnten wir unseren Bekanntheitsgrad enorm steigern», sagt Staeger. Noch nie sei einer ins Geschäft gekommen, weil er etwa das Staeger-Inserat in der Zeitung gesehen habe. Hingegen kommen laufend Neukunden in den Laden, die sich auf den Spot bei TeleZüri beziehen. Das Preis-Leistungs-Verhältnis seiner Werbeauftritte auf TeleZüri bezeichnet Staeger schlicht als das «Nonplusultra».

«TeleZüri ist für uns der Hit», schwärmt Andrea Weilenmann. Sie ist die stellvertretende Geschäftsleiterin der Happy Babyworld AG in Bülach. Das Interesse an der Bülacher Babywelt sei dank der Werbung auf TeleZüri stark gestiegen. Rita Nock, seit Januar 2002 Kundenberaterin bei TeleZüri, meint: «Schalte ich am Freitag vor dem Lifestyle den Babyworld-Spot, dann haben sie in Bülach am Samstag mehr Leute im Laden.» Dass dem so ist, bestätigt auch Andrea Weilenmann und fügt hinzu, dass sich vor allem werdende Eltern vom Baby-Spot angesprochen fühlen. Voilà, Zielgruppe erreicht.

Auf TeleZüri laufen maximal 12 Minuten Werbung pro Stunde. Mehr sind gesetzlich nicht erlaubt. Der Anteil der regional verankerten Firmen beträgt 20 bis 30 Prozent. Die regionale Werbung sei für die Marke TeleZüri wichtig, erklärt Werbe- und Marketingleiter Tarkan Özküp. Sie fördere Verbundenheit und löse Emotionen aus. Das Gros der Werbeeinnahmen stammt jedoch aus nationalen Kampagnen. Da ist der Zürcher Sender allen anderen Regionalfernsehen im Land um Nasenlängen voraus. Nach dem Schiffbruch von Tele 24 Ende 2001 sei es jedoch äusserst schwierig gewesen, an nationale Werbekampagnen zu gelangen. In den ersten drei Jahren seit dem Neustart von TeleZüri hat Tarkan Özküp mit seinem Team Beachtliches geleistet. «Dank der Qualität der Sendungen und unserer starken Präsenz im Werbemarkt befindet sich TeleZüri auf bestem Weg zum Break-even», sagt Özküp. Spätestens Ende 2005 will der Sender schwarze Zahlen schreiben.

«Die stabilen Zuschauerzahlen und das qualitativ gute Programm machen uns planungssicher», bestätigt Rita Nock. Dies seien wichtige Voraussetzungen, damit ein Regionalsender überhaupt von nationalen Kampagnen berücksichtigt werde. Eine wichtige Rolle spiele auch die Eigenart des Werbemarktes Zürich. «Der Markt Zürich braucht mehr Druck.» Die Menschen in dieser Grossregion hätten ein riesiges Freizeitangebot, seien über die Fernsehwerbung schwieriger zu erreichen als anderswo im Land. «Es braucht mehr Werbeschaltungen auf verschiedenen Kanälen. Das kann TeleZüri mit seinem Programm, der Stundenschleife und den Wiederholungen optimal bieten.» Als Beispiel erwähnt die Werbefachfrau die Unilever-Gruppe, die bereits seit einiger Zeit ihre international bekannten Produkte wie Knorr, Axe und Signal auf TeleZüri bewirbt.

Love Ride statt *Vera am Mittag*

Wer will, dass sein Spot gesehen und dessen Botschaft verstanden werde, der habe kein Interesse, einer unter vielen in einem langen Block zu sein, erklärt Tarkan Özküp. Bei TeleZüri ist drum kein Werbeblock länger als drei Minuten. Özküp: «Längere Blöcke sind nicht nur fatal, weil der

Zuschauer wegzappt. Sie sind auch nicht mehr leistungsstark und somit in der Mediaplanung irrelevant.» Wie schwierig es ist, als Regionalmedium in den nationalen Werbekampagnen berücksichtigt zu werden, weiss auch Brigitte Urfer. Der erste Auftrag beruhe oft auf persönlichen Beziehungen. Die würden allerdings nur etwas nützen, wenn das Werbeumfeld, also in ihrem Fall das TV-Programm, auch die entsprechende Qualität liefere. Was bei TeleZüri absolut der Falle sei, wie sie täglich aus Agenturkreisen höre. Urfer: «Wenn du einmal im Mediaplan drin bist, dann fliegst du so schnell nicht mehr raus.»

Rund 20 Prozent der TeleZüri-Einnahmen kommen aus dem Sponsoring. Praktisch alle Programmgefässe werden heute mit einer Firma, einer Marke oder einer Dienstleistung in Zusammenhang gebracht. Einige namhafte Unternehmen engagieren sich längerfristig wie zum Beispiel Navyboot und Jelmoli. Andere wollen ihren Brand, ihre Marke, saisonal oder auf ein bestimmtes Ereignis bezogen mit einem speziellen Gefäss oder einer Sendung in Verbindung bringen. Beispiele aus dem Sommer 2004 sind das Hotel Uto Kulm auf dem Üetliberg mit dem SommerTalk oder der Telekommunikationskonzern Orange mit dem Magazin zur Fussball-EM.

«Jährlich gehen wir etwa 90 Medienpartnerschaften ein», erklärt Tarkan Özküp eine weitere Säule der TeleZüri-Vermarktung. Das Spektrum dieser Partnerschaften ist breit. Es führt vom Stadtfest Uster über den Love Ride in Dübendorf zum Langstrassenfest bis zum Openair in Dielsdorf. Nicht selten enthält die Medienpartnerschaft einen karitativen Aspekt. So unterstützte TeleZüri im Frühling 2004 die Lehrstellensuche des Zürcher Mittelschul- und Berufsbildungsamts. «Indem wir dieses soziale Anliegen innerhalb der kommerziellen Werbeblöcke platzierten, erhielt unser Partner einen direkten Impuls aus dem Zuschauermarkt und der Zuschauer gleichzeitig ein Plus an Information», meint Werbechef Özküp.

Eine andere Stütze der Einnahmenseite ist die Vermarktung des Tagesprogramms. «Pro Monat erhalten wir mindestens drei neue Sendeformate als Pilotsendung oder Sendekonzepte von Produktionsfirmen und PR-Agenturen», sagt Özküp. Im Interesse des Senders liegen qualitativ gut gemachte Formate für Reisen, Kochen, Gesundheitsprävention, Immobilien oder Lebensqualität. Diese Programme sind fremdproduziert. TeleZüri kauft keine Formate ein, sondern verrechnet den Anbietern den Sendeplatz und die Sendezeit. In erster Linie aber setzt der Sender auf Wiederholungen vom Vorabend. Die wecken nach wie vor grösseres Interesse als irgendwelche eingekauften Schicksalskonserven. So haben auf TeleZüri im Tagesprogramm weder Richter Alexander Hold noch Vera am Mittag das Sagen, sondern weiterhin Gilli und Bigi in der Wiederholung des TalkTäglich.

Lieber Klosterbier als Softpornos

Eine Morgenröte am Werbehorizont für private elektronische Medien zeigte sich im Frühling 2004 im Nationalrat. Nach dem Willen der grossen Kammer sollen Privatstationen bald für Alkohol, Politik und Religion werben dürfen (zur Zeit der Entstehung dieses Buchs hat das neue Radio- und Fernsehgesetz den Ständerat noch nicht passiert). Feldschlösschen, die SVP und die Zeugen Jehovas im gleichen Werbeblock mit Bettwaren-Fischer? Ist das die Zukunft der Werbung auf TeleZüri? «Sicher nicht», meint Werbeleiter Özküp. Politische Werbung sei durchaus denkbar, solange es sich um Imagewerbung handle. Von Wahlpropaganda, wie sie im US-Fernsehen anlässlich der Präsidentschaftswahlen ausgeschlachtet wird, hält Özküp aber nichts. Sinnvoll wäre eine politische Kontingentierung. Jede anerkannte Partei, ob gross oder klein, ob finanzstark oder finanzschwach, hätte so das gleiche Kontingent an Werbezeit zur Verfügung.

Werbung von religiösen Parteien und Gruppierungen würde man auf jeden Fall sorgfältig prüfen. Keine Chance auf Werbezeit hätten Sekten, winkt Özküp prophylaktisch ab. Und was ist mit den grossen Weltreligionen? Wäre es denkbar, dass in einem TeleZüri-Werbeblock auf Kennys «Hoi zäme» der Papst mit seinem «Urbi et orbi» folgt? «Theoretisch wäre das möglich», meint Özküp. Wobei er sich schon frage, wofür der Papst und Vertreter anderer grosser Religionen wohl Werbung machen könnten. Vielleicht für Klosterbier oder Messwein. Gegenüber der geplanten Liberalisierung in der Bewerbung von leichten alkoholischen Getränken kennt TeleZüri keine Vorbehalte.

Das neue Gesetz verspricht die Schlachtung einer weiteren heiligen Kuh. Zum ersten Mal sollen die Schweizer

Lokalfernsehstationen zwei oder mehr Millionen Franken Gebührengelder pro Jahr und Sender bekommen. Der Anspruch auf einen marginalen Anteil (etwa 40 Millionen) der SRG-Milliarden-Gebühren blieb im Nationalrat unbestritten. Nicht ganz so klar sehen es die entsprechende Aufsichtsbehörde, das Bakom, und der zuständige Departementsvorsteher Bundesrat Moritz Leuenberger (siehe Interview auf Seite 106). Es sei nicht im Sinne des Gesetzes, dass ein privater Fernsehsender, der schwarze Zahlen schreibe, auch noch vom Gebührensplitting profitieren könne.

Diese Aussage stösst bei den TeleZüri-Machern – gelinde gesagt – auf Unverständnis. «Die Entrichtung der Gebühren ist für uns eine klare Forderung, damit wir im Markt mit gleich langen Spiessen wie die SRG agieren können», argumentiert Tarkan Özküp. TeleZüri erbringe im Grossraum Zürich einen wichtigen Service public. «Deshalb haben wir Anrecht auf Gebühren.» Noch wichtiger als der gerechtfertigte Anteil an den Gebühren sei für ihn als Werbe- und Marketingchef ein grösserer Spielraum im kommerziellen Bereich. Zum Beispiel für mehr Verkaufssendungen im Vorabendprogramm. «Wenn wir einmal einen echten freien Markt haben, dann können wir uns auch selbst finanzieren», ist Özküp überzeugt.

Als weitere lukrative – und jetzt schon realisierbare – Einnahmequelle bliebe dem Leader der Schweizer Regionalfernsehen die Ausstrahlung von Erotikspots und Softpornofilmchen. «Ich habe es mal ausgerechnet», sagt Özküp. «Nur schon mit den Angeboten, die ohne eigenes Zutun an mich herangetragen wurden, kämen pro Jahr rund anderthalb Millionen zusammen». Der Werbeumsatz könnte sofort um die zehn Prozent gesteigert werden. Aber er, Chefredaktor Markus Gilli und Andreas Meili, der Leiter elektronische Medien bei Tamedia, hätten dazu eine klare Haltung. Eine solche Änderung des Programms würde die Positionierung des Senders verwässern. Özküp: «Die redaktionellen Inhalte eines Senders müssen berechenbar sein. Das Publikum erwartet von TeleZüri News, Talk und Magazine.»

Darum gilt auch in Zukunft: Wer sich nachts um drei ins Programm von TeleZüri einschaltet, der sieht nicht die lüsterne Gina Wild, sondern die lächelnde Ivana Imoli. Anschliessend folgt Bettwaren-Fischer. <

Werbung im Visier

Ein Schnellschuss von Werber, Lästermaul und Fischer-Fan Frank Baumann. Gastkolumne

> Wahrscheinlich ist TeleZüri der einzige TV-Sender, bei dem ich nicht reflexartig umschalte, wenn die Werbung kommt. Nein, das liegt natürlich nicht daran, dass die Werbung auf TeleZüri nun besonders gut wäre. Das Gegenteil ist der Fall. Es gibt – einmal abgesehen von *Ghana 4, Free-TV-Kasachstan* oder *TV-14 Vanuatu* – wohl kaum einen Sender, bei dem die Werbung schlechter ist als das Programm. Bei TeleZüri gehören die verwegenen Selfmade-Spots zum Fernseherlebnis, und das ist eben genau das Geile. Kenny's Autocenter, Möbel Hubacher, Nicole Diem-Optik oder Diga sind Highlights der Fernsehgeschichte. Getoppt werden diese Sammlerstücke einzig vom legendären «Bettwarä Fischer vo Wädischwiil» (mit schw)! Richtig, der mit den «Fädärä vo totä Tier!» Hand aufs Herz, ist dieser Fischer nicht grossartig? Eine Mischung aus Vico Torriani, Hans A. Traber und Beni Thurnheer. Ein Entertainer erster Güte, ein Gesamtkunstwerk? Rasend, wie er in seiner weissen Arbeitsschürze vor der Daunenschleuder steht und uns den Produktevorteil seiner gerupften «Fädärä vo totä Tier» preist. Authentischer geht es nicht.

Fischer ist genial. Und das meine ich tatsächlich so. Nicht zynisch, nicht einmal ironisch. Der «Bettwarä-Fischer vo Wädischwiil» ist der grandioseste Botschafter bürgerlicher Normalität seit Paul Spahn. Er zelebriert die Reklame in ihrer ureigentümlichsten Form. Ein Mann, ein Produkt, ein Versprechen, Ende. Ein bisschen so wie der Fischverkäufer bei Asterix und Obelix. Oder der griesgrämige Hermann Zürcher «vo Bassersdorf» und die «Bicoflex»-Jungs. Sie alle sind die unscheinbaren Helden der Mattscheibe. Diejenigen nämlich, die den kommunikativen Sieg des Individuums über die Marketingverantwortlichen der Grosskonzerne errangen. Über jene Konzerne nämlich, die Millionen dafür ausgaben, dass gelackte Werbeschwuchteln, eskortiert von handyfonierenden Prada-Tussis, in postmodernen Hochglanzagenturen uninspirierte Werbefilme ersannen, die einen Haufen Geld kosteten und dennoch keiner Sau in Erinnerung bleiben. Wie angenehm hebt sich da dieser bescheidene Bettwaren-Fischer ab, der, zwar etwas hölzern, aber dafür schlicht und einfach sagt, was er zu verkaufen hat. Keine komplizierten Kameraeinstellungen, keine Südseeromantik und keine silikonisierten Topmodels in knappen Bikinis. Und Gott sei Dank keine peinliche GC-Family. *The product is the hero*, und dieser *local hero* ist der «Bettwarä-Fischer vo Wädischwiil» mit seinen «Fädärä vo totä Tier». <

Direk...

Der Tiersch...
Deshalb verarbe...
Erleben Sie «live...
**Direkt-Verkau...
Fabrikpreisen...**

Auch das Füllgewicht mit mehr oder weniger Inhalt können Sie bei uns wählen.

		Nordisch 160/210
1a neue, reine Gänsedaunen weiss, polnisch 90 %	850 g	Fr. 200.–
1a 1a neue, reine Gänsedaunen weiss, polnisch 90 %	800 g	Fr. 350.–
1a 1a extra grossflockige neue, reine Gänsedaunen weiss, polnisch 90 %	750 g	Fr. 500.–

Bettfedernreinigung ist Vertraussa...

Darum können Sie bei uns zusehen, wie wir Ihre Bettwaren mit modernster Anlage reinige...
Auf Wunsch nachfüllen oder Ihre Duvets auf Nordisch umarbeiten und dies auf jedes Mas...
Für Bettfedernreinigung Voranmeldung, damit Sie zusehen und alles glei...
Geöffnet: Dienstag bis Freitag: 08.00–12.00 / 13.30-18.00 Uhr, Samstag 09.00 – 16.00

Montag geschlossen

Fischer Bettw...

Zugerstrasse 76, 8820 Wädenswil, Tel. 01/780 63...
Sie finden uns: Autobahnausfahrt A3 Wädenswil, R...

...b Fabrik

**Zusehen und Mitnehmen!
Bei uns sehen Sie, was Sie kaufen.**

...egt uns am Herzen!
...keine Daunen und Federn von lebenden Tieren.
...dernste und einzige Bettfedern-Aufbereitungs-Anlage der Schweiz im
...abrik. Erstklassige Qulität, ohne jeden Zwischenhandel, **zu absoluten**
...an den Konsumenten.

*** Nordische Duvets
auf jedes Mass!**

* Pfulmen und Kissen auf jedes Mass

1a 1a neue, reine polnische Gänsefedern weiss   65/100 cm 1100 g Fr. 70.–
1a neue, reine polnische Gänsefedern weiss   65/100 cm 1200 g Fr. 45.–

Versand gegen Nachnahme: Versandkostenanteil Fr. 10.–*

...ne Duvets 160/210 Inhalt reinigen: Fr. 30.–, neue Fassung Percal: Fr. 100.–, Cambric Fr. 110.–.

...er mitnehmen können!
...ahlen bei uns bar, EC-Direct oder Postcard

...en AG

01/780 96 60
...See, nach 3 km links.

**35 Jahre Erfahrung heisst:
solide Beratung, seriöse Preise
und Erstklassqualität!**

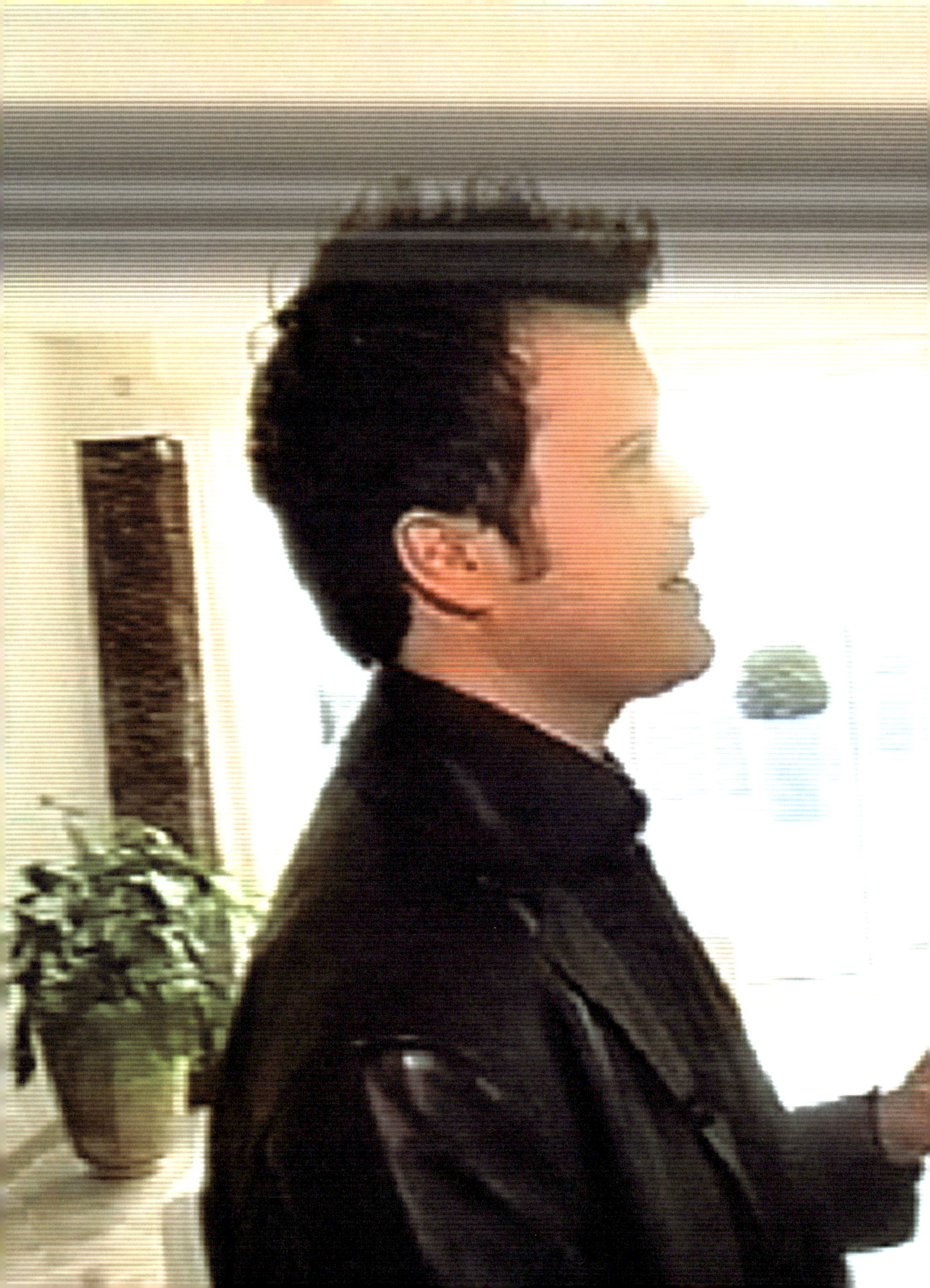

ANDERE FERNSEHWERBUNG KÖNNEN WIR UNS NICHT LEISTEN.
KEIN WUNDER, BEI UNSEREN PREISEN.

Eschenmoser
Immer die aktuellen Tiefstpreise. Seit 1953.

CLIMALUXE®

Die neue BICO-Matratze revolutioniert d...tionen, die sich auf Ihr Wohlbefinden auswirken: Ermüdungsfreie Kun... Support) passen sich druckpunktaktiv jeder Bewegung an und stützen... tion im Matratzeninnern und der klimaregulierende, antibakterielle B... kommenen Schlafkomfort. Mehr Informationen in führenden Fachgesc...

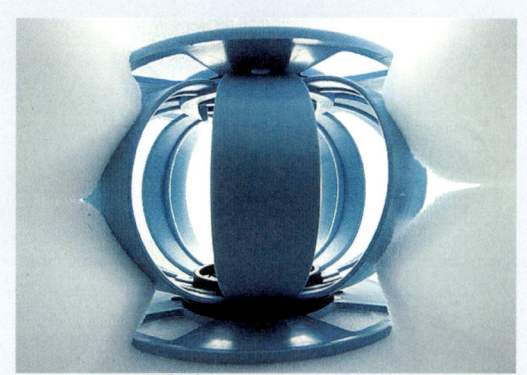

TBS-Federelement

Hoch flexible Körperabstützung

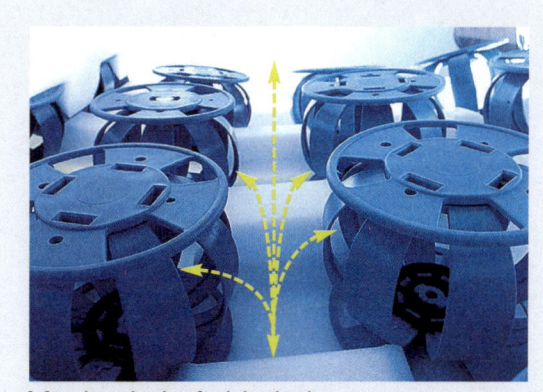

Maximale Luftzirkulation

ttklima. Sie steckt voller Innova-
Federelemente TBS (Triple Body
ücken. Die maximale Luftzirkula-
e-Bezug garantieren einen voll-
und unter www.bico.ch.

bico®

Für ä tüüfä gsundä Schlaaf.

The talk of town.

Die aktuelle Schuhmode von Arabella Kiesbauer gibts in 200 Filialen, beim Versandservice (0848 830 838) und unter www.voegele-shoes.com

VÖGELE | SHOES ✓

340 PS und 525 Nm ▶ 5,7-Liter-V8-HEMI-Motor mit variabler Zylinderabschaltung MDS ▶
ESP, ASR, BAS ▶ 18-Zoll-Leichtmetallfelgen ▶ Xenon-Scheinwerfer ▶ Lederinterieur ▶ elektrisch
verstellbare Vordersitze und Pedale ▶ 3.5 V6 mit 249 PS ▶ **ab CHF 55 600.–*, inkl. MwSt**

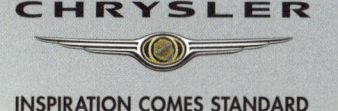

CHRYSLER

INSPIRATION COMES STANDARD

THE NEW CHRYSLER 300C

Es gibt Leute, die Trends nachrennen.
Und solche, die sie setzen.

Mehr Informationen unter: www.chrysler.ch

CHRYSLER SWISS FREE SERVICE Gratis-Service inklusive. Bis 6 Jahre oder 60 000 km. Das zuerst Erreichte gilt.

Automatikgetriebe: Energieeffizienz-Kat. E, Treibstoffverbrauch gesamt 11,1 l/100 km, CO_2-Emissionen 264 g/km. *Sämtliche Preise verstehen sich als unverbindliche Preisempfehlung, inklusive MwSt.

«TeleZüri, grüezi!» Ein Tag im Leben der Rezeptionistin

Sie ist die TeleZüri-Frau, die man mehr hört als sieht: Isabelle Spengler, Leiterin der TeleZüri-Rezeption. Sie ist die Schnittstelle zwischen Programm-Nutzer und Programm-Macher. Pulsnehmer und Blitzableiter, wenn sich Emotionen entladen. Sie ist der ruhende Pol in der TeleZüri-Welt. Ein Erlebnisbericht.

Donnerstag, 12. August 2004. 19.45 Uhr. Charles Aellen Company, Tödistrasse 1, Zürich.
«Ich komme, wenn noch alles ruhig ist, und ich gehe, wenn der TeleZüri-Tag kurz vor seinem Höhepunkt ist.»
Isabelle Spengler, Rezeptionistin. Hier in der Wunschvorstellung des Fotografen.

> «Klack! – ist das Erste, was ich höre. Jeden Morgen. Klack! – so begrüsst mich die Tür, wenn der rote Schlüssel, der U-Key, den Weg ins TeleZüri freischaltet. Klack! – hattest du ein gutes Wochenende? Klack! – was meinst du, was erwartet uns heute alles, hier am Empfang?

Viel Zeit, darüber nachzudenken, bleibt mir nicht morgens um Viertel vor acht. Ich bin wie immer eine der Ersten. Es dauert nicht lange, und ich vernehme ein Rumpeln vier Stockwerke tiefer. Heinz, dessen Geräuschpegel ihm unverkennbar einige Schritte vorauseilt, bringt mir die grosse, graue Kiste voller Post, die verteilt werden will.

Mit einem Brieföffner bewaffnet, beuge ich mich über die Kiste und will mich gerade all den Medienmitteilungen, Paketen, der Vielzahl von Fan- und Kritikbriefen, den Zeitungen und Zeitschriften zuwenden. Da platzt bereits der erste Anruf in meinen Arbeitstag. «TeleZüri, grüezi», melde ich mich. Eine Frau L. ist am Apparat. Sie habe am gestrigen Abend den SonnTalk gesehen und sich unsäglich aufgeregt. Ein schneller Blick auf den Fernseher, der über meinem Arbeitsplatz angebracht ist, verspricht für heute viel Arbeit am Telefon. Es läuft die Wiederholung des SonnTalk – in der Runde sitzt Klaus J. Stöhlker. Mit einer gewissen Vorahnung frage ich Frau L., weshalb sie denn so aufgebracht sei. Wusste ich es doch. Frau L. lässt sich über Stöhlker aus. Herrn Stöhlkers Kommentare, beklagt sie, fände sie einfach grauenhaft. Warum werde dieser Motzer und Stänkerer überhaupt noch eingeladen? Ich erkläre ihr, dass es eine Umfrage, einen TED, genau zu dieser Frage am Sender gegeben habe. Die Mehrheit der TED-Teilnehmer habe entschieden, dass sie auch weiterhin Herrn Stöhlker gerne sehen würde.

Anrufe im 10-Sekunden-Takt

Ich habe mir, wenn es um Klaus J. Stöhlker geht, einige Standardsätze zurechtgelegt. Ich glaube, es spielt überhaupt keine Rolle, welches Thema mit ihm diskutiert wird. Klaus J. Stöhlker empört, nervt, stachelt auf, polarisiert. Und unsere Zuschauer rufen an, rufen mich an. Ein zweiter Blick auf den Monitor beruhigt mich. Zum Glück sitzt nicht auch noch Christine Goll in dieser Sendung. Die Zürcher SP-Nationalrätin besitzt die gleiche Gabe wie Herr Stöhlker. Sie lässt viele Zuschauer und in ihrem Fall auch Zuschauerinnen umgehend zum Hörer greifen.

Unterdessen ist Frau L. ihre Kritik losgeworden, zwei weitere Anrufer auch. Ich habe die Post sortiert, verteilt und gönne mir jetzt den ersten Kaffee. Das frische Koffein im Blut lässt mich voller Tatendrang meine Mailbox öffnen. Da tummeln sie sich auch schon – die allmorgendlichen 500 E-Mails. 30-mal «Ausländergewalt: Herr Rau, wo waren Sie?» – löschen. 40-mal «Augen auf! So sieht es aus» – löschen. Unzählige verschiedene Mails mit den viel versprechenden Titeln «Re: Thanks!», «Re: Your details» – alle löschen. Zwischen dem ganzen Spam haben sich auch noch zwei Medienmitteilungen verirrt. Ich picke sie raus und leite sie weiter. Das Bearbeiten meiner Mailbox wird mich den ganzen Tag lang im Halbstundentakt beschäftigen, vorzugsweise dann, wenn ich eine etwas langatmige Person am Telefon habe.

Ich spüre, dass sich die Büros und Geschäfte im Millionen-Zürich allmählich zu füllen beginnen. Nun klingelt das Telefon im 10-Sekunden-Takt. Sofort sind alle drei Linien voll. Ich beginne bereits ein wenig zu rotieren. In diesem Moment ruft Herr B. an. Er behauptet ganz aufgeregt, dass die Forchbahn schon wieder nicht fahre. Herr B. ruft häufig an. Er informiert uns, wenn er ein Polizei- oder Feuerwehrauto oder einen Krankenwagen sichtet und hört. Oder wenn die Forch- oder S-Bahn eine Panne hat. Meist ist darunter nichts, was unsere Züri-News-Redaktion verwenden kann. Einmal aber hat Herr B. mit seinem Anruf aufs Reporterfon ins Schwarze getroffen und prompt einen DVD-Player gewonnen. Als er das nächste Mal anrief, musste ich ihm erst einmal erklären, was ein DVD-Player ist, wo man eine DVD kaufen kann und was genau der Unterschied zwischen einer DVD und einer Videokassette ist. Ich hoffe, Herr B. hat es geschafft, jemals das Gerät in Betrieb zu nehmen. Vielleicht sollte ich ihn heute danach fragen?

Leider bleibt mir keine Zeit für den kleinen Schwatz mit Herrn B. Ich muss ihn bei seinem Referat über die «Schlampereien» bei den öffentlichen Verkehrsmitteln unterbrechen. Die Telefonzentrale überschlägt sich vor lauter Blinken und Piepsen gleich. Beim Entgegennehmen der nächsten Anrufe frage ich mich, was wohl aus Herrn Z. und Herrn K. geworden ist. Ich habe beide schon lange nicht mehr gehört. Herr Z. ruft an, wenn er ein klein wenig über den Durst getrunken hat, seine Zunge hörbar schwer wird. Er hat nie einen besonderen Grund anzurufen. Es spielt für ihn auch keine Rolle, mit wem er am anderen Ende spricht. Er will einfach erzählen, über Gott und die Welt plaudern. Einmal fragte er mich, wo er denn angerufen habe. Er sei sich nicht mehr sicher, ob er jetzt bei der Dargebotenen Hand, beim Schweizer Fernsehen oder bei TeleZüri sei. Es fiel mir schwer, ein Grinsen zu unterdrücken, obwohl er mir irgendwie Leid tat. Herrn K. habe ich schon sehr lange nicht mehr an der Strippe gehabt. Er ist auch einer dieser Menschen, die anrufen, um einfach zu plaudern. Einmal bemerkte er, sie würden ihn wohl bald in die Klapsmühle einliefern. Ich hoffe nicht, dass sich seine Befürchtungen inzwischen bewahrheitet haben.

Wie heisst der Coiffeur von Patricia Boser?

Nun aber genug gegrübelt. Die Zeit rinnt mir wie Sand durch die Finger, und ich spute mich. Wenn ich nicht bald die Schweizer Illustrierte aus dem Briefkasten fische und an die verschiedenen Redaktionen verteile, kriege ich auch noch all die internen Anrufe von Kollegen und Kolleginnen, die nach dem Promi-Heft fragen. Ich wetze durch den langen Gang und drücke die Illustrierte in die sich mir ungeduldig entgegenstreckenden Hände. Kaum zu glauben, dass man auf ein Heftli so scharf sein kann.

Zurück an meinem Arbeitsplatz habe ich die unterschiedlichsten Anfragen zu beantworten. Einer will mit Markus Gilli persönlich, er betont, persönlich reden. Thema: Fluglärmdemo. Ein anderer erkundigt sich, ob Hugo Bigi sein Bewerbungsvideo schon angeschaut habe. Zwei weitere möchten wissen, wer heute Abend im TalkTäglich ist. Eine Frau fragt nach dem Coiffeur von Patricia Boser. Jemand verlangt nach detaillierten Infos zu einem Beauty-Produkt, das im Lifestyle gezeigt wurde. Eine schüchterne Frauenstimme wünscht die Handy-Nummer eines SwissDate-Kandidaten, und eine weitere will wissen, ob wir auch Suchmeldungen nach entlaufenen Hunden in den ZüriNews durchgeben.

Endlich Mittag. Diese Stunde Pause tut gut. Der leichte Salat ist genau das Richtige, was ich brauche, um den Rest des Nachmittags gut gelaunt zu überstehen. Wir brauchen dringend neues Büromaterial. Kugelschreiber haben die merkwürdige Angewohnheit, laufend zu verschwinden. Für ein Medium, das vor allem mit der Kamera arbeitet, brauchen wir eigentlich viel Schreibzeug. Als Nächstes versende ich Einladungen per E-Mail für das Swissdate Casting. Das beschert mir kurze Zeit später bereits einen Schwall von Antworten. Geduldig erkläre ich, dass man am besten mit dem 4er- und 13er-Tram zu TeleZüri fährt, was genau an diesem Casting passieren wird und wie lange dieses voraussichtlich dauert.

15 Uhr: Eine ausschweifende Bewegung vor der Tür lässt mich vom Computer aufschauen. Normalerweise drücken die Besucher auf den Knopf. Der Typ, der jetzt vor der Tür winkt, steht wohl mehr auf Zeichensprache. Ich öffne ihm und frage, was ich für ihn tun könne. Er zupft die Kopfhörer seines iPod aus den Ohren. Er hält es aber nicht für nötig, die Musik auszuschalten. So dröhnt der Sound weiter aus den Hörern, die ihm über die Schulten hängen. Er erkundigt sich, leicht schnoddrig, nach unseren Moderatorinnen. Welche er denn meine, frage ich zurück. Es sei egal welche, er wolle einfach mit einer sprechen. Er sei eben ein toller Typ, lässt er mich wissen, und wolle einfach gerne ein Bierchen mit einer der dreien trinken gehen.

Mit den dreien meint er wohl Ivana, Anna und Christine. Ich gebe ihm zu verstehen, dass er sich doch besser schriftlich an unsere News-Moderatorinnen wenden soll. Wenn diese dann wirklich Zeit hätten, würden sie sich schon melden. Da drückt er mir plötzlich einen winzig kleinen, vergilbten Fresszettel mit seiner Telefonnummer in die Hand, mit der Bitte, diesen an Ivana Imoli weiterzugeben. Er macht auf dem Absatz kehrt, drückt sich die Kopfhörer wieder in die Ohren und geht weg. Ich rufe ihm noch nach, dass ich gerne einen Namen von ihm gehabt hätte. Aber er hört mich wegen der Musik wohl nicht mehr.

Jodlerabend im Säuliamt oder Streichelzoo in Kroatien

Der Aufsteller des Tages lässt zum Glück nicht lange auf sich warten. Ich habe eine Zuschauerin am Draht, die sich auf Grund eines Beitrags in den ZüriNews meldet. Wir berichteten über das Schicksal einer Familie, die ihr ganzes

Hab und Gut im Feuer verloren hatte. Die Zuschauerin erklärt mir nun, sie habe eine Wohnung für die Familie. Vielleicht könne sie auch noch einige Möbel auftreiben. Zumindest als Übergangslösung. Die Geschichte sei ihr so ans Herz gegangen, meint sie. Sie müsse einfach alles Machbare mobilisieren. Ich bin ganz gerührt und vermittle ihr die Kontaktadresse der Familie. Wieder einmal zeigt sich, wie stark unsere Sendungen Menschen berühren und bewegen können.

Ich gebe es zu: Eine leichte Nachmittagsschläfrigkeit legt sich jetzt über mich. In diesen eher ruhigeren Minuten kann ich mich ganz dem Versand von VHS-Kassetten zuwenden. Ich schreibe die Bänder an. Meistens sind es Kopien von TalkTäglich-, SonnTalk- und News-Sendungen. Dann stelle ich die Rechnungen aus, frankiere die gemachten Päckchen. Unterdessen, es ist nach 16 Uhr, plätschern die Anrufe wieder nonstop rein. Ich verbinde, gebe hinterlassene Nachrichten weiter. Versuche einem Herrn zu erklären, dass wir keinen Videojournalisten auf seine Ziegenfarm und den Streichelzoo in Kroatien schicken können, da wir ein Regionalsender seien. Ich leite Anrufe an die Redaktion weiter von Leuten, die behaupten, sie hätten uns doch eine Medienmitteilung zukommen lassen. Sie würden jetzt gerne wissen, ob TeleZüri nun an den Jodlerabend, zum Polittalk oder an die Bar-Eröffnung komme.

17 Uhr: Durch die Glasscheibe zu meiner Linken sehe ich, dass es langsam hektisch wird in den Schnittplätzen. VJs stürmen durch den Empfang. Alle Cutter sind in den Startlöchern. Die Vorbereitungen zur News-Sendung und zum TalkTäglich laufen auf Hochtouren. Für mich heisst das nichts anderes, als dass der Feierabend jetzt näher rückt. Ich komme, wenn noch alles ruhig ist, und ich gehe, wenn der TeleZüri-Tag kurz vor seinem Höhepunkt ist.

Zum Schluss ein leises Klack!

Die Abendschicht ist bereits eingetroffen. Ich nehme noch einen letzten Anruf entgegen. «TeleZüri, grüezi.» Eine Mutter klingt ganz verzweifelt. Ihr wurde das Kind weggenommen. In ein Heim gebracht habe man es. Man wolle ihr das Sorgerecht entziehen. Sie rufe nicht bei TeleZüri an, um im Fernsehen zu kommen. Sie wolle nur wissen, an wen oder welche Behörde sie sich wenden könne. Ich notiere mir ihre Angaben. Huh, das ist ein Dämpfer zum Schluss meines Arbeitstags. Ich bin froh, dass meine Kollegin Miluse mich jetzt ablöst. Wir besprechen die liegen gebliebenen Arbeiten und trinken einen Kaffee zusammen.

Eine Viertelstunde später stehe ich vor dem Lift und freue mich auf die Heimfahrt mit meinem neuen Mountainbike. Die Lifttür schwingt auf, und ich steige ein. Im Moment, wo die Lifttür sich hinter mir schliesst, ruft mir die Eingangstür noch ein leises Klack! nach.

Klack! – einen schönen Abend und bis morgen.» <

Von Beckham bis Wojtyla

Die Namensliste

Alphabetische Liste der Personen, die im Buch erwähnt werden

A

Ackeret Matthias, 18, 39, 40, 42, 52, 123
Aerni Xaver, 126
Aldrovandi Mario, 127
Allemann Sarah, 20
Anhorn Thomas, 130, 131
Auf der Mauer Michael, 129, 131

B

Baltensperger Hans, 87
Bas Manuel, 129
Baumann David, 38
Baumann Frank, 14, 84, 141
Beckenbauer Franz, 19, 94
Becker Boris, 56
Beckham David, 19
Belasi Dino, 22
Bellorini Madeleine, 44
Biedermann Tina, 38
Bigi Fabio, 3
Bigi Hugo, 4, 15, 52, 56, 86, 92, 98, 99, 104, 126, 128, 131, 132, 139, 153
Billeter Pascal, 19, 126
Blatter Graziella, 95
Blatter Sepp, 84, 95
Blocher Christoph, 7, 13, 19, 56, 57, 82, 83, 88, 122, 123
Boser Patricia, 49, 51, 52, 126, 153
Brassel Dani, 38
Brauner Artur, 127
Brennwald Reto, 18, 40, 52, 88, 121
Brosnan Pierce, 93
Bruder Melchior, 42, 43
Brunner Toni, 56
Bucheli Thomas, 51
Bühler Ralph, 126
Buholzer Sonja A., 19, 85, 121, 123
Buol Regina, 90, 92, 93, 94, 95
Bürgin Hanspeter, 12
Burkhalter Doris, 56

C

Calvetti René, 131
Camenisch Marco, 38, 45
Canale Peter, 99, 126, 131, 132
Caniga Jana, 95
Carey Mariah, 93
Carrell Rudi, 57, 95
Casasola Manuela, 130
Chäli (Kälin) Benno, 16, 19, 20, 21, 22, 23
Christiansen Sabine, 50
Coninx Hans Heinrich, 83
Copperfield David, 94
Cortesi Marco, 86
Cottle Simon, 35

D

Dalai Lama, 56
Deltenre Ingrid, 20, 84
Dickinson Roger, 15
Diem Nicole, 141
Dietrich Rolf, 22, 33
Donatz Jacky, 87, 95
Dubs Sibylle, 38, 41, 43
Dulfer Candy, 57
Durisch Andreas, 14, 89, 123

E

Eggenschwiler Jeannette, 50, 51, 52
Eichenberger Kenny, 134, 137, 138
Enz Thomas, 126, 127
Erni Hans, 44
Eschenmoser Alfons, 138
Eschenmoser Ruth, 138
Esteriore Piero, 42

F

Federer Roger, 56
Fehr Hans, 84, 123
Fehr Mario, 19, 121, 123
Felix Kurt, 87
Ferri Marcel, 126
Fiala Doris, 87, 121, 123
Fischer Joschka, 33
Fischer Ernst, 7, 134, 137, 141
Föllmi Thomas, 129, 130
Ford Harrison, 93
Frik Walter, 43
Fuhrer Rita, 13, 84
Furrer Marc, 106

G

Gablinger Dana, 50, 52
Giacobbo Viktor, 88
Giezendanner Ulrich, 123
Gilgen Joël, 51, 52
Gilli Markus, 7, 15, 19, 21, 33, 34, 45, 52, 85, 86, 87, 88, 92, 94, 98, 105, 118, 120, 121, 122, 123, 126, 139, 140, 153
Giriet Marc, 41
Girsberger Esther, 121, 123
Glattfelder Brigitte, 43, 44
Glogger Helmut-Maria, 95
Goll Christine, 33, 121, 122, 123, 152
Gorbatschow Michail, 92
Gorbatschow Raissa, 92
Gottschalk Thomas, 39
Graber Silvia, 44, 45
Graf Dani, 38, 41, 128
Graf Olivia, 122, 128
Gross Christian, 88
Grossmann Florian, 20
Grubenmann Hens, 95
Grundlehner Beat, 38
Grünig Oliver, 131
Grüninger Paul, 126
Gygax Peter, 126, 127, 128, 131
Gyr Josy, 126, 129

H

Häfliger René, 126, 127, 128
Hancock Herbie, 42
Handelsman Christian, 57
Harindranath Ramaswami, 15
Hartmeier Peter, 87, 122, 123
Hasselhoff David, 57
Hebeisen Jürg, 49, 52
Hegi Roger, 128
Herriger Catherine, 95
Hess Daniela, 120
Hildbrand René, 85
Hingis Martina, 56
Hitzfeld Ottmar, 93
Hold Alexander, 139
Holdener Geri, 19
Huber Annette, 38, 128
Hug Reto, 131
Hürlimann Felix, 126

I

Icordo, 95
Imoli Ivana, 15, 50, 51, 52, 127, 130, 140, 153
Int-Veen Vera, 138, 139

J

Jackson Michael, 39
Jäger Rolf, 127
Jörg Diana, 52
Jürgens Udo, 18

K

Kälin Claudia, 56
Kälin Monika, 16
Klameth Stefan, 22
Klapproth Stefan, 15
Knie Franco, 85
Koch Ursula, 121, 122
Kohl Helmuth, 39
Kohler Roger, 131
Kojak Theo, 22
Köppel Christian, 20, 51
Köppel Roger, 123
Kulenkampff Hans-Joachim, 57
Kunz Emma, 137

L

Lager Daniela, 52, 87
Landis Kerstin, 126, 130
Landmann Valentin, 86

Ledergerber Elmar, 13, 33, 84
Lehmann Sandra, 52
Lenz Martin, 128
Lerch Michael, 38, 41, 128
Leuenberger Moritz, 7, 12, 100, 102, 104, 105, 106, 107, 120, 130, 140
Leuenberger Heinz, 152
Leutenegger Filippo, 33, 88, 123
Leuthard Urs, 44, 88
Linné Olga, 15
Lüönd Walo, 45

M

Mager Markus, 41, 86
Maier Anna, 49, 50, 52, 126, 128, 129, 153
Manon, 93
Marti Werner, 88
Martin Ricky, 57
Martinetti Nella, 89, 95
Maurer Ueli, 19, 121, 122, 123
McLane Shirley, 93, 94
McLuhan Marshall, 15
McQuail Denis, 15
Meier Urs, 105
Meili Andreas, 140
Melig Sven, 45
Mezger Ursula, 38
Michel Sigi, 39, 40
Mörgeli Christoph, 86, 121, 122, 123
Mühlemann Ernst, 56, 88, 122, 123
Müller Andi, 19, 38
Müller Walter Andreas, 104, 130
Müller Pascal, 129

N

Nero, 105, 120
Nico, 93
Niethammer Nik, 18, 40
Nock Rita, 138
Nottaris Mario, 38, 43
Nünlist Sandra, 130

O

Ospel Marcel, 94
Özküp Tarkan, 138, 139, 140

P

Paganini Marco, 95
Palmieri Giuseppe, 129
Papst Johannes Paul II. (Wojtyla Karol) 139
Peritz Roman, 126
Perricone Michael, 41, 42
Petermann Horst, 89, 95
Pitt Brad, 92
Portmann Bettina, 20
Pünter Daniel, 41, 42

R

Ramseier Bettina, 128
Reinhart Stefan, 22
Ringier Ellen, 86, 121
Rodriguez Maria, 52
Rosenblum Michael, 10, 12, 15, 18, 19, 20, 21, 22, 42, 44, 45, 88
Rothenbühler Peter, 123
Röthlisberger Peter, 18, 42, 127
Rudin Florina, 18
Rusch Matthias, 22
Ryan Meg, 50

S

Schaps Marcel, 129
Schaub Christian, 126, 128
Schawinski Roger, 10, 12, 13, 15, 18, 20, 33, 39, 40, 42, 51, 52, 56, 57, 88, 89, 92, 93, 94, 95, 96, 98, 99, 100, 104, 105, 106, 120, 121, 122, 123, 131, 137
Schell Maximilian, 57
Schellenberg Patrick, 41
Schelling Robert, 131
Schiess Belina, 20
Schittenhelm Hugo, 120
Schmidhauser Hannes, 44, 45
Schmuki Philippe, 42
Schneider Romy, 127
Schnyder Christine, 14, 23, 39, 44, 50, 51, 52, 126, 127, 128, 129, 130, 153
Schröder Gerhard, 39, 40, 42
Schuler Hubert, 21
Schweizer Hanspeter, 131
Sieber Ernst, 56
Sinniger Benjamin, 41
Sonderegger Gregor, 18, 39
Sontheim Gabriella, 51, 93
Spahn Paul, 141
Spears Britney, 22
Spengler Isabelle, 7, 150
Staeger Gregor, 138
Stahel Albert, 39, 89
Stauber Katja, 15, 84
Steinmann Reto, 38, 39, 126, 127, 128
Stöhlker Klaus J., 13, 88, 105, 118, 120, 121, 122, 123, 129, 130, 152
Stone Oliver, 93
Stössel Gigi, 7, 14, 32, 33, 34, 38, 43, 45
Stutz Andi, 57, 95
Styger Benjamin, 38, 42, 43, 44
Sutter Alain, 22

T

Thurnheer Beni, 38, 141
Tilgner Ulrich, 45
Tina, 93
Torriani Vico, 141
Traber Hans A., 141
Trottmann Christian, 20
Tschanz Beatrice, 121, 122, 123
Turner Ted, 20
Turner Tina, 57, 93, 94
Turón Raquel, 56, 57

U

Upali, 40, 41
Urfer Brigitte, 139
Uriella, 56, 93, 95
Ustinov Peter, 57
Utzinger Susy, 41

V

Venzago Alberto, 4, 13, 14
Vischer Daniel, 13, 89, 123
von Allmen Kurt, 93
Vujadinovic Katarina, 94

W

Walder Marc, 85
Walser Brigitt, 49, 52
Wannenmacher Eva, 18, 50, 52, 87, 105
Warhol Andy, 38
Weber Mäni, 56
Wehrheim Miluse, 154
Weil Kurt, 92
Weilenmann Andrea, 138
Wick Peter, 50, 52
Widmer Justin, 128
Wild Gina, 140
Winet Claude, 23, 41, 42, 43, 45
Winiger Melanie, 7, 82, 89
Winkler Adrian, 122
Wohlgensinger Serge, 126
Wojtyla s. Papst, 139
Wüest Oliver, 23
Wyler Andrea, 128

Y

Yakin Hakan, 93

Z

Zahner Trudy, 131
Ziegler Jean, 122
Ziegler Jörg, 126, 129
Zilincan Igor, 42
Zimmermann Tino, 126, 127, 128, 129, 130, 131
Zürcher Hermann, 141
Zweifel Michael, 137

Alphabetische Liste der TeleZüri-Mitarbeiterinnen und -Mitarbeiter*

A

Ackermann Irene
Assi. Leitung E-Medien

Aerni Xaver
Studiotechniker

Allemann Sarah
Redaktorin Lifestyle

Anhorn Thomas
Regisseur Editor

Arnold Pascal
Cutter Ablauf

Auf der Maur Michael
Kameramann/Editor

B

Bas Manuel
DSNG-Techniker

Baumann David
Videojournalist & Cutter

Biedermann Tina
Videojournalistin

Bigi Hugo
Chef-Moderator

Billeter Pascal
Videojournalist

Bortolotti Andreas
Cutter

Boser Brinker Patricia
Moderatorin/Redaktorin

Brassel Daniel
Videojournalist

Bruder Melchior
Produzent/Videojournalist

Bühler Ralph
Grafiker/Editor

Buol Regina
Produzentin TalkTäglich

Burkhalter-Brasser Doris
Visagistin

C

Caelli Giovi
Studiotechniker, DSNG & EDV

Calvetti René
Kameramann

Canale Peter
Technischer Leiter

Casasola Manuela
Disposition/Prod.leitung

Casparis Daniel
Cutter

Cassani Andrea
Kamerafrau

Christinger Viviane
Visagistin

Cocca Evi
Assistentin Buchhaltung

D

De Piano Michele
Cutter

Derron Daniel
Cutter/Ablauf

Dietrich Rolf
Produzent/Videojournalist

Dubs Sibylle
Leiterin Input

E

Ebler Sabine
Empfang/Administration

Eggenschwiler Jeannette
Redaktion/Wettermoderatorin

Enz Thomas
Cutter

Eugster Maurus
CFO Controller

F

Ferri Marcel
Grafiker

Föllmi Thomas
Tontechniker

Frei Daniel
Kulissenumbau

Frik Walter
Videojournalist

G

Gablinger Dana
Wettermoderatorin

Gilgen Joël
Moderator Swissdate

Gilli Markus
Programmleiter/Chefredaktor

Graf Daniel
Videojournalist

Graf Olivia
Leit. Archiv/Prod. SonnTalk

Grollimund Martin
Mediaplaner

Grünig Christof
Tontechniker

Grünig Oliver
Leiter Kamera/Studio

Grüninger Paul
Messtechniker

Guggenheim Dieter
Redaktor ZüriTipp/VJ

Gygax Peter
Kameramann

H

Häfliger René
Disposition/Regie

Hess Daniela
Redaktionsassistentin

Hrvatin Maja
Telefonzentrale Aushilfe

Huber Annette
Videojournalistin

Hürlimann Felix
Video-Editor

I

Imoli Ivana
Moderatorin

J

Jenni Reto
Cutter/Ablauf

Jossi-Bucher Silvia
Empfang/Administration

K

Kälin Benno
Videojournalist

Kälin Claudia
Visagistin

Keiser Françoise
Telefonzentrale Aushilfe

Kohler Roger
Sendeleiter

Koller Mani
Kameramann/Cutter

Köppel Christian
Redaktionsleiter LS & SD

L

Landis Kerstin
Grafikerin

Lenz Martin
Leiter EDV

Lerch Michael
Videojournalist

Leuzinger Andreas
Media-Planer

M

Massaro Remo
DSNG-Techniker

Meier Christa
Telefonzentrale Aushilfe

Meier Raoul
Cutter

Meierhofer Paraskevi
Empfang/Administration

Meili Andreas
CEO/Leiter E-Medien

Mezger Ursula
Assistenz Input

Michelini Malik
Web- & TXT-Publisher

Mühlemann Roger
Webmaster

Müller Andreas
Produzent/Videojournalist

Müller Jens
Grafik

Müller Pascal
Tontechniker

N

Njie Silvia
Telefonzentrale Aushilfe

Nock Rita
Kundenberaterin Sponsoring

Nottaris Mario
Videojournlist

Nünlist Sandra
Cutterin

O

Oberholzer Alex
Filmkritiker

Özküp Tarkan
Leiter Marketing/Verkauf

P

Palmieri Giuseppe
Kameramann/Cutter

Pellanda Alexandra
Redaktionsassistentin

Peritz Roman
Cutter

Pernull Simone
Visagistin

Pfister Anya
Produzentin Swissdate

Plüss Peter
Studio- & DSNG-Techniker

Portmann Bettina
Redaktorin Lifestyle

R

Radloff Manuela
Telefonzentrale Aushilfe

Ramseier Bettina
Deskerin

Rodriguez Maria
Moderatorin/Videojournalistin

Rusch Matthias
Videojournalist

Rutman Elena
Cutterin

S

Schaub Christian
Cutter

Schelling Robert
Projektleiter/Regisseur

Schiess Anna-Belina
Videojournalistin

Schmuki Philippe
Videojournalist/Sport

Schneider Fabian
Tontechniker

Schnyder Christine
Videojournalistin/Moderatorin

Schweizer Hanspeter
Kameramann

Spengler Isabelle
Leiterin Empfang

Steiger Christa
Produktionsassistentin

Steinacher Josua
Cutter

Steinmann Reto
Produzent/Videojournalist

Styger Benjamin
Videojournalist/Desker

T

Thurnheer Daniela
Visagistin

Tiboni Sara
Marketing Service

Trottmann Christian
Videojournlist/Redaktor

Turón Raquel
Visagistin

U

Urfer Brigitte
Key Account Manager

Utzinger Susy
Videojournalistin

V

Vogel Charles
Assistent Archiv

Vogler Oliver
Editor

Vujadinovic Katarina
Produzentin TalkTäglich/SonnTalk

W

Walthert Andrea
Cutterin

Weber Adrian
Cutter

Wehrheim Miluse
Empfang/Administration

Wehrli Elek
Kameramann

Wick Peter
Redaktion/Chef-Moderator Wetter

Widmer Justin
EDV-Support

Widmer Roland
EDV-Koordinator

Wiegand Corinne
Cutterin

Winet Claude
Stv. Chefredaktor

Winkler Adrian
Videojournalist

Wohlgensinger Serge
Video-Editor

Wüst Oliver
Cutter

Wyler Andrea
Deskerin

Z

Zellweger Yves
Kameramann

Ziegler Jörg
Tontechniker

Zilincan Igor
Videojournalist

Zimmermann Tino
Projektleiter/Regisseur

Zinecker Dominique
Kamermann

Zweifel Michael
Key Account Manager

*Festangestellte und freie Mitarbeiterinnen und Mitarbeiter, Stand 2004

Danke

an Roger Schawinski, der
TeleZüri erfunden hat. Ohne
ihn wärs nicht passiert;

---

an alle ehemaligen und jetzigen
TeleZüri-Kolleginnen und
-Kollegen, die mich in der Arbeit an
diesem Buch unterstützten – mit
Geschichten und mit der Akquisition
von Inseraten;

---

an Andreas Meili, Markus Gilli,
Tarkan Özküp und Markus Cavegn,
die auf Anhieb an meine
Idee glaubten;

---

an die Mitarbeiterinnen und
Mitarbeiter vom Werd Verlag,
die TeleZüri professionell und
News-mässig schnell ins Buch
gesetzt haben;

---

an meine Lektorin Brigitta Klaas
Meilier, die als Erste das ganze
Buch gelesen hat und mich
überzeugen konnte, dass vor
«sondern» immer ein Komma steht;

---

an Alberto Venzago und Peter von Ah,
mit denen ich jederzeit wieder
ein Buchprojekt durchziehen würde;

---

an meine Familie und Freunde, die
mich während der Arbeit am Buch nie
oder höchstens am Fernsehen sahen;

---

vor allem an meine Lebenspartnerin
Kim Anabel Mueller, die mich trotz
den Augenringen von langen
Schreibnächten immer noch sehen
wollte.